CW01159704

TEMPO DI BLOG
di Monica Becco per Modus Maris

Progetto grafico: Annamaria Fautrero
Prima stampa: Novembre 2023

Vieni a navigare nel nostro mare:

modusmaris.eu

E non saremo domani quelli che fummo,
né quelli che siamo.

OVIDIO (Poeta)

TEMPO DI BLOG

Modus Maris

Prefazione

Gli articoli di questo libro nascono come pagine di un Blog. Un blog che, come un'intera immagine di comunicazione, ha preso le mosse dalla capacità di Monica Becco: con i suoi testi - ormai di settimana in settimana - riesce a interpretare le nostre idee e i nostri approcci alla consulenza di risorse umane.

Iniziato con una followership ristretta di chi ci conosceva da anni, il blog ormai conta numerosi lettori che seguono regolarmente le nostre pubblicazioni.

Quando Monica ci ha proposto di riunire una selezione dei suoi testi in un libro, chiamandolo "Tempo di Blog", abbiamo aderito subito e con grande piacere. Un blog, di per sé, è effimero: testi, idee e stimoli, una volta pubblicati, rischiano di cadere nell'oblio per poi essere soppiantati dall'argomento della settimana successiva. Gli articoli che qui presentiamo, invece, non sono come le notizie di ieri, cioè obsolete oggi. Sono idee e prospettive che meritano di essere rilette; esse conservano una loro attualità che si estende ben oltre il momento della pubblicazione. È con questo spirito che "diamo alle stampe" i testi presenti in questo libro.

Come soci della Modus Maris, abbiamo l'onere piacevole di ringraziare Monica Becco e Annamaria Fautrero dalla cui felice collaborazione – i testi di Monica e la cura grafico-editoriale di Annamaria – nasce Tempo di Blog: un tempo per leggere e per pensare, un tempo per far emergere nuove riflessioni e nuove idee, un tempo per creare nuovi progetti, o per lasciar andare idee vecchie, abitudini, ricordi, persone...

Quanto tempo... quanto ne serve per poter rendere concreti i nostri progetti o i nostri desideri? Talvolta, basta il tempo di leggere, di ascoltare o di pronunciare una sola parola. L'importante è che sia quella giusta.

Questo è il tempo che desideriamo farti trovare, attraverso queste pagine in cui ti proponiamo pensieri, riflessioni, domande, forse anche qualche provocazione, tutto volto a condividere un viaggio attraverso le onde del "nostro mare", in cui ogni tanto navighiamo con entusiasmante spavalderia, e altre volte ci soffermiamo a coglierne la complessità.

Buona lettura,
Modus Maris

I CAPITOLI

Il libro è suddiviso in 7 capitoli, ognuno dei quali parla di un tempo.

IL TUO TEMPO

Spunti e riflessioni per la tua crescita personale e il tuo benessere.

13

IL TEMPO DELLA VITA

Pensieri e riflessioni sulla nostra esistenza e sul mondo intorno a noi.

49

IL TEMPO PER GLI ALTRI

Riflessioni sui temi della comunicazione e della relazione con le persone con cui viviamo (dentro e fuori l'ambito professionale).

85

IL TEMPO DEL LAVORO

Spunti e pensieri sul mondo con cui ci confrontiamo all'interno della nostra professione.

111

IL TEMPO DELLA LEADERSHIP

Riflessioni sulle diverse dimensioni attraverso le quali interpretare, confrontarsi e vivere la leadership.

143

IL TEMPO DELL'ESTATE

La rubrica "Estate 2023" ha celebrato questo speciale periodo dell'anno con pensieri e spunti nati da parole di vacanze e di viaggi.

175

IL TEMPO DEI RACCONTI

Le testimonianze di alcuni trainer e soci di Modus Maris sulle loro esperienze e attività.

207

Alla maniera del mare

Modus Maris, tradotto dal latino, significa "alla maniera del mare". Non dimentichiamoci: "modus", in latino, può significare anche "ritmo", parola che, abbinata al mare, ci riporta alle maree, ai momenti di energia e vitalità, come ai momenti di calma. "Alla maniera del mare" può avere molteplici significati e agevolare interpretazioni diverse e complementari.
Divertiamoci a trovarne alcune.

Il mare lascia sempre qualcosa
L'onda si spegne sulle rive sabbiose o esplode contro le rocce, e si ritrae, quasi risucchiata da una forza invisibile. Eppure, pur sembrando la sua un'energia spesa inutilmente, trova invece la sua ragione d'essere nel suo stesso movimento, nell'ossigeno che incamera e dona nutrimento, in ciò che porta sulla terraferma, nel suo perpetuo mettere in moto vita.
E così è l'attività formativa. Talvolta si accosta la formazione a una semina; forse l'onda e la vita del mare esprimono ancora meglio l'anima di un percorso formativo.
Non sempre, i risultati di un'attività di formazione e sviluppo hanno bisogno di lunghi periodi di incubazione: talvolta, il frangersi dell'acqua e della spuma è così pieno di energia che il cambiamento è subitaneo e sorprendente. Altre volte, invece, il percorso è più lungo e complesso: le correnti e le maree portano sul fondo tesori inestimabili che devono essere cercati con determinazione e attenzione, per essere trovati e fatti emergere.
Il mare e la formazione lasciano quindi i risultati preziosi del loro stesso agire.
Così è per Modus Maris.

Dal mare non si esce
Quando si viaggia sulla terra, possiamo decidere di fermarci, di rallentare, di trovare un riparo.
Gli elementi esterni della natura hanno un loro potere al quale possiamo contrapporre scelte operative o strategiche.

Nel mare non ci sono rifugi in cui trovare riparo quando le condizioni sono avverse. Il mare, come la vita, può solo essere vissuto, con coraggio, con intelligenza, con la sensibilità e la preparazione necessarie per capire cosa è meglio fare, o non fare, in quel momento.

È bello e confortante condividere la traversata con qualcuno che possa essere un compagno fidato, talvolta una guida, altre volte un appoggio, o uno strumento.

Modus Maris può essere quel compagno.

Il mare è vasto e profondo

Lo sguardo si amplia e si perde, e il pensiero raggiunge i posti più profondi della nostra anima.

Il mare si riversa dentro chi lo conosce e ne replica tutte le caratteristiche: la limpidezza, la forza eppure la fluidità, il movimento e l'energia, la sua profondità oscura e soffocante, la sua superficie cristallina, il mistero e l'ignoto, il fascino e il pericolo.

Così è per gli esseri umani che, quando iniziano a guardarsi dentro, si perdono in un dedalo di tesori nascosti.

E Modus Maris può assistere nell'esplorazione.

Il mare. Ispirazione e ritmo

Le pulsazioni infinite dell'onda, il suono bianco del suo perpetuo divenire: sembrano le circonvoluzioni cerebrali che guidano il nostro pensare complesso, la nostra miracolosa capacità di capire, di creare, di dare parola e forma a ciò che vive dentro di noi, segreto e silenzioso, fino a quando esplode in un'idea da regalare al mondo.

Aiutare le persone a portare valore al di fuori di sé, a cambiare e migliorare continuamente: anche questo è Modus Maris.

Dove c'è acqua, c'è civiltà

Da sempre, i popoli sono evoluti vicino all'acqua; perché acqua è vita, è spiritualità, è sostentamento, è mezzo di comunicazione e di scambio.

È il tappeto su cuì poggia la sopravvivenza di ogni forma di vita.

E chi vive, cresce e si evolve; passa a un livello superiore e si pone nuove sfide per poter arrivare a una versione migliore di sé.

E l'acqua, discreta e silenziosa, è sempre al fianco della vita di tutti.

E così vorrebbe essere Modus Maris.

IL TUO TEMPO

Crescita personale e benessere

Ti auguro tempo

Non ti auguro un dono qualsiasi,
ti auguro soltanto quello che i più non hanno.
Ti auguro tempo, per divertirti e per ridere;
se lo impiegherai bene potrai ricavarne qualcosa.

Ti auguro tempo, per il tuo fare e il tuo pensare,
non solo per te stesso, ma anche per donarlo agli altri.
Ti auguro tempo, non per affrettarti a correre,
ma tempo per essere contento.

Ti auguro tempo, non soltanto per trascorrerlo,
ti auguro tempo perché te ne resti:
tempo per stupirti e tempo per fidarti e non soltanto per guadarlo sull'orologio.

Ti auguro tempo per guardare le stelle
e tempo per crescere, per maturare.
Ti auguro tempo per sperare nuovamente e per amare.
Non ha più senso rimandare.
Ti auguro tempo per trovare te stesso,
per vivere ogni tuo giorno, ogni tua ora come un dono.

Ti auguro tempo anche per perdonare.
Ti auguro di avere tempo, tempo per la vita.

Elli Michler

La splendida poesia di Elli Michler, poetessa tedesca scomparsa nel 2014, ci parla del tempo come contenitore della nostra vita.

Cosa mettiamo nel nostro tempo?

Forse, il vero punto di attenzione non è avere un contenitore più grande, ma è riempire il nostro contenitore con ciò che riteniamo essere importante e di valore per noi. Troppe volte, invece, lo riempiamo alla rinfusa con ciò che ci capita tra le mani, o addirittura lo lasciamo riempire dagli altri, lamentandoci poi, quando avremmo bisogno di un po' di spazio, di non poterci occupare di ciò che ci interessa e ci serve veramente.

Diventiamo gli artisti della nostra vita

Come far diventare la propria vita un'opera d'arte?

Si tratta forse di avere la possibilità di fare cose straordinarie? di ricoprire ruoli di assoluto prestigio? di esprimere particolari doti artistiche?

Se fosse così, sarebbero veramente poche le persone nel mondo a vivere con pienezza la propria esistenza. La risposta si trova invece nel modellare e ridisegnare ciò che si fa in base alle proprie passioni e alle proprie predisposizioni. Questo vale nella vita personale e anche in quella professionale.

Sembra un punto di vista banale; quasi un modo semplicistico per accontentarsi dello stato delle cose, giusto per non rovinarsi le giornate a desiderare o pretendere qualcosa che non fa parte della realtà. Invece è esattamente il contrario. Forgiare la propria vita come se fosse l'opera d'arte più importante a cui dedicarsi vuol dire chiedersi cosa risponde alle proprie aspettative e alle proprie attitudini; vuol dire anche capire quali sono i personali strumenti e le condizioni esterne utili al raggiungimento della motivazione e della soddisfazione. Ciò consente di perseguire con maggiore efficacia obiettivi e ambizioni, ottenendo conseguentemente quel senso di benessere e appagamento che talvolta si fa fatica a provare.

Quindi, ridisegnare la propria vita secondo le proprie passioni e i propri interessi non è sinonimo di "mi accontento di quello che faccio", bensì: "capisco e interpreto quello che faccio e scopro quali competenze, talenti e predisposizioni personali posso attivare per aumentare motivazione ed energia".

Come riuscire a raggiungere questi obiettivi? Ci possono essere varie tecniche, si possono intraprendere percorsi diversi. Tra questi, uno particolarmente efficace è lo strumento del **job crafting** che consente alla persona di concentrare l'attenzione sugli aspetti della propria attività in cui si sente più realizzata, in cui sa di poter annettere maggior valore; ma non solo. Il job crafting guida l'attenzione nella individuazione e nella valutazione delle competenze e delle capacità personali che più sono utili per raggiungere i risultati perseguiti, nonché nella comprensione di quali risorse esterne contribuiscono ad andare dritti verso l'obiettivo.

Il lavoro si trasforma perciò da impegno faticoso e obbligato, a mezzo per aggiungere valore e soddisfazione alla propria vita e alla vita degli altri, indipendentemente dalla complessità e dal presunto prestigio del ruolo in cui si è inseriti.

Autoefficacia e capacità agentiche: le nuove frontiere dello sviluppo personale

Anni '90. Nelle aziende imperversa la frase "sapere, saper fare, saper essere". La sintesi di questa già sintetica affermazione è una sola parola: competenza. La competenza, perciò, è considerata la summa del sapere, del riuscire a mettere in pratica quanto si sa, e del saper interpretare quel sapere e saper fare in modo coerente col ruolo ricoperto, con i valori aziendali, col contesto sociale in cui ci si esprime.

Fine anni '90-inizio anni 2000. Il "saper essere" è diventato un accessorio, quasi un inutile orpello che rischia soltanto di rallentare la produttività e far diminuire i risultati. Quel che conta non è più neppure tanto il "sapere", o il "saper fare". Quel che conta davvero è l'efficacia, il raggiungimento degli obiettivi, l'ottenimento di risultati sempre più sfidanti.

Da ormai quasi una decina d'anni, in un periodo storico in cui ricercare la sostenibilità e l'ecologia in ogni ambito della vita è diventato un *must*, ci si è resi conto che è necessario tornare sui propri passi, riconsiderare le peculiarità della natura umana e farsi altre domande.

Non si è trattato di fare scoperte nuove, bensì di riconsiderare teorie e studi che, già negli anni '90, erano stati sviluppati da Albert Bandura, uno psicologo canadese famoso anche per la sua teoria dell'apprendimento sociale, in particolare per il suo impatto sulla teoria sociale cognitiva.

Secondo questo studioso, l'essere umano è un agente attivo, cioè una persona che interagisce in modo consapevole con gli eventi esterni per perseguire i propri obiettivi. Ecco che la capacità umana di far accadere gli eventi, di intervenire sulla realtà figlia di una struttura causale interdipendente, viene definita da Bandura come "agenticità della persona".

Le persone sono cioè stimolate ad agire perché sono convinte di poter perseguire, grazie alle loro azioni, gli obiettivi che si sono prefissate. Ecco che il senso di "autoefficacia" diviene il vero "motore" dell'azione.

"Il senso di autoefficacia corrisponde alle convinzioni circa le proprie capacità di organizzare ed eseguire le sequenze di azioni necessarie per produrre determinati risultati. Le convinzioni che le persone nutrono sulle proprie capacità hanno un effetto profondo su queste ultime. Chi è dotato di self-efficacy si riprende dai fallimenti; costoro si accostano alle situazioni pensando a come fare per gestirle, senza preoccuparsi di ciò che potrebbe eventualmente andare storto" (A. Bandura).

L'autoefficacia è un concetto sostanzialmente diverso rispetto all'autostima poiché *"Il senso di autoefficacia riguarda giudizi di capacità personale, mentre l'autostima riguarda giudizi di valore personale."* (A. Bandura).

Le strategie suggerite da Bandura per lavorare sul senso di autoefficacia sono quattro:

Esperienze dirette di gestione efficace. Le esperienze personali e la memoria di situazioni affrontate con successo rappresentano una fonte notevole per acquisire il senso di autoefficacia.

Esperienze vicarie. L'osservazione di persone e modelli che raggiungono i propri obiettivi attraverso l'azione e l'impegno incrementa in chi osserva la convinzione di potercela fare.

Persuasione verbale. La fiducia che gli altri ripongono in noi aiuta certamente a sviluppare il senso di autoefficacia.

Stati fisiologici e affettivi. Una buona condizione emotiva aiuta a sentirsi fisicamente e psicologicamente bene aumentando così il senso generale di autoefficacia.

Infine, Albert Bandura sostiene che l'essere umano è ugualmente agente, sia quando esegue un'azione sia quando riflette sulle proprie esperienze, in quanto esercita comunque un'influenza, sia pure su di sé.

Da queste considerazioni, si possono individuare quattro specifiche capacità agentiche:

Capacità di anticipazione. Cioè la capacità che permette a una persona di proiettarsi nel futuro, di anticipare possibili scenari e di definire mete e azioni future.

Capacità di autoregolazione. Cioè la capacità che permette a una persona di monitorare la propria condotta e sostenere l'impegno, regolando le reazioni emotive e i conseguenti comportamenti.

Capacità di apprendimento vicario. Cioè la capacità di una persona di espandere le proprie competenze attraverso l'osservazione degli altri, individuando le strategie migliori e sapendole declinare e interpretare sulla personale situazione per raggiungere il miglior risultato possibile.

Capacità di autoriflessione. Cioè la capacità di una persona di rielaborare le esperienze vissute, confrontando azioni e conseguenze, e arricchendo la conoscenza di sé.

Autoefficacia, capacità agentiche: quindi, sapere e saper fare non servono più? In azienda c'è bisogno di filosofi e asceti e non di gente che lavora?

Talvolta, se non proprio in questi termini, si sentono domande e riflessioni di questo genere. Non si tratta di non apprezzare il lavoro, l'impegno e i risultati. Si tratta di valutare e sviluppare ciò che, prioritariamente, consente alle persone di crescere, di dare il meglio di sé, di predisporsi all'apprendimento e all'espressione di quanto necessario per essere efficaci in una determinata professione, ma anche nella vita.

Ecco quindi che le competenze diventano il risultato della mobilitazione di capacità e modalità di comportamento, e non più presupposti imprescindibili da cui iniziare un percorso di sviluppo personale.

> *Forgiare la propria vita come se fosse l'opera d'arte più importante a cui dedicarsi vuol dire chiedersi cosa risponde alle proprie aspettative e alle proprie attitudini.*

Sei domande per sei livelli (di sviluppo)

Farsi le domande giuste

Le domande sono potenti attivatori di pensiero e riflessione; quando ci facciamo le domande giuste inneschiamo un processo di crescita e di evoluzione irreversibile.

Quando diventiamo consapevoli di una nuova e sconosciuta (sino a quel momento) parte di noi, la rivelazione non può più tornare nascosta. Ciò significa aver fatto un passo in più lungo il sentiero della nostra crescita.

Robert Dilts è un famoso ricercatore, studioso e formatore statunitense che ha approfondito alcuni temi legati allo sviluppo della persona. Egli ha individuato sei livelli di pensiero, tra loro concatenati, capaci di guidare un individuo in un percorso di crescita e consapevolezza.

Questi sei livelli possono corrispondere a sei specifiche domande in grado di accompagnarci in altrettanti ambiti di sviluppo, siano essi all'interno della nostra vita personale o della nostra vita professionale.

Partendo dal livello più basso, possiamo rappresentarli in una scala di questo tipo:

SPIRITUALITÀ
IDENTITÀ
CONVINZIONI E VALORI
ABILITÀ
AZIONI
AMBIENTE

Affrontiamo ogni livello e conosciamo le domande che ci guidano nella nostra crescita personale.

Ambiente – Dove e quando?

Per capire quale può essere il tuo percorso di crescita e decidere se è ciò che vuoi, o se invece vuoi intraprendere un altro cammino, oppure vuoi agire in maniera diversa, è importante – anzi fondamentale – avere consapevolezza del contesto in cui ti trovi.

Sapere bene in quale ambiente ti stai muovendo può determinare le tue scelte. Puoi decidere che sei al posto giusto nel momento giusto, oppure puoi renderti conto che è necessario per te cambiare ambiente e cercarne uno più funzionale a ciò che vuoi fare e vuoi raggiungere.

Se non hai coscienza di dove ti trovi e a quale stadio del tuo percorso sei giunto, il rischio è di prendere decisioni che non si basano sulla situazione reale.

Azioni – Cosa?

"Cosa?" è la seconda strategica domanda che dobbiamo prendere l'abitudine di porci.
"Cosa sto facendo nello specifico per ottenere i risultati che ho scelto come obiettivi?"; "Cosa devo fare di nuovo?"; "Cosa devo continuare a fare?"; "Cosa devo smettere di fare?".

Ogni traguardo, per essere raggiunto, necessita di azioni, senza le quali è destinato a trasformarsi in sogno irrealizzabile, in chimera, in miraggio irraggiungibile.

Quando decidi cosa è importante e utile fare, quando stabilisci cosa è meglio smettere di fare e quando scegli cosa è necessario continuare a fare hai già creato importanti presupposti per il tuo successo.

Non è però ancora sufficiente; la differenza la fai quando metti in atto, concretamente, i risultati delle tue scelte.

Abilità – Come?

Per fare ciò che hai deciso di fare e raggiungere la meta che hai scelto, devi possedere specifiche abilità.

Mentre investi nella tua crescita personale e professionale stai costruendo il tuo futuro e il tuo successo.

Studiare, prepararti, continuare nel tuo percorso di sviluppo e di ampliamento di conoscenze, competenze ed esperienze non è "perdere tempo" – come talvolta si sente dire – è invece aggiungere valore alla tua professionalità e alla tua essenza profonda di persona che vive le diverse dimensioni della famiglia, delle amicizie, dell'impegno sociale, della spiritualità, dello svago e della convivialità.

Convinzioni e valori – Perché?

Essere impegnato nelle tue attività per traguardare i tuoi obiettivi è importante ma non sufficiente; solo quando ti chiedi qual è il profondo significato delle tue azioni, capisci quali sono i tuoi valori, le convinzioni che diventano le fondamenta delle tue decisioni e sorreggono l'intero percorso della tua vita.

Se non trovi i perché del tuo procedere, ogni piccolo ostacolo diventa insormontabile, ogni difficoltà rischia di farti fermare, ogni errore ti fa dubitare di te stesso.

Ecco che quando sai perché stai andando verso la tua meta e perché procedi secondo determinati principi, tutto ha una spiegazione e anche i piccoli rallentamenti hanno un impatto più modesto sul tuo percorso.

Identità – Chi?

Quando tutti i livelli del tuo pensiero e delle tue azioni sono allineati e coerenti, lì si crea la tua identità.

Vuol dire sapere chi sei, cosa vuoi, dove stai andando.

È una sensazione magnifica di benessere e di armonia con te e con gli altri.

Quando raggiungi la tua identità tutto diventa chiaro. Non sbagli più? Non hai più dubbi? Non incontri più ostacoli? Certo che no. Ma sei capace di affrontare la vita con consapevolezza e determinazione sugli obiettivi.

Ogni traguardo, per essere raggiunto, necessita di azioni, senza le quali è destinato a trasformarsi in sogno irrealizzabile, in chimera, in miraggio irraggiungibile.

Spiritualità – Per chi? Per cosa?

È la tua mission. Dopo che hai individuato non solo dove, ma perché vuoi arrivare, allora il traguardo si avvicina e, cosa ancora più importante, acquisisce un valore incommensurabile.

In quel preciso momento capisci che sei unico, prezioso per te e per gli altri; in una parola, straordinario.

Dal cervello al cuore con varie fermate

Come pensiamo? Come proviamo le nostre emozioni? Come percepiamo le nostre sensazioni?
Le risposte scientifiche a queste domande le lasciamo a biologi, neurologi e neuroscienziati, e a tutti gli altri eventuali studiosi che molto meglio di noi possono descrivere cosa avviene nella biochimica e nelle reti neuronali del nostro corpo.
Noi vogliamo fare un altro tipo di riflessione, forse più semplice ma altrettanto affascinante.
È possibile che solo il cervello sia la sede di tutti i tumultuosi stati d'animo e di coscienza che vivono al nostro interno?
Gli antichi avevano depositato in varie parti del corpo umano la sede delle emozioni e delle caratteristiche personali, come l'amore, il coraggio, l'invidia, l'ira e altre.
Ancora oggi, quando parliamo di amore e di gratitudine viene naturale appoggiare una mano sul cuore (in cui è stato scientificamente provato che c'è una rete neuronale simile a quella del cervello), oppure usiamo il modo di dire "avere fegato" per descrivere il coraggio, o "avvelenarsi il sangue" per riferirci a stati di rabbia e di frustrazione, e così via.
Tutte le nostre sensazioni arrivano al nostro interno attraverso i sensi che ci mettono in connessione col mondo esterno.
Divertiamoci a scoprire le tappe di un immaginario e fantastico viaggio nel nostro corpo per trovare le porte d'accesso alla nostra vita emotiva e cognitiva.

Occhi – Bocca – Orecchie

Tre sensi che ci mettono in contatto con il mondo esterno. Ciò che vediamo, ciò che mangiamo e beviamo, ciò che sentiamo, tutto arriva al nostro cervello per essere processato, scartato, elaborato; per suscitare in noi emozioni, sensazioni, pensieri; per permetterci di creare, di decidere, di agire. Tutto viene incasellato e archiviato in memorie a cui talvolta abbiamo accesso, e altre volte no. Ma tutto è a nostra disposizione e lo utilizziamo, anche inconsapevolmente.
Noi non vediamo, sentiamo e gustiamo solo ciò che è all'esterno di noi. Noi visualizziamo nella nostra mente immagini vivide, ferme e in movimento, vicine o

lontane, in cui siamo spettatori o siamo parte della scena; sentiamo voci che ci danno consigli, che ci mettono in guardia, che ci spronano o ci abbattono; gustiamo cibi solo nel sentirli nominare o nel vederli (quante volte capita di sentire l'acquolina in bocca guardando la foto di un limone?).

Mani

Quante cose facciamo con le mani? Possiamo lavorare con le mani, ma non solo. Le mani sono uno strumento per comunicare col mondo. Una stretta di mano parla di una persona più di tante parole. E le mani "sentono" il mondo intorno, lo toccano e ne ricevono informazioni, stimoli, emozioni a volte anche molto forti, curano, parlano, ascoltano.

Le mani possono essere occhi e orecchie, e comunicare con estrema efficacia ciò che con difficoltà riuscirebbero a fare altri sensi.

Pelle e pancia

La pelle è il nostro organo di senso più esteso. Ci ricopre totalmente e ci protegge. È il nostro scudo ed è anche la lavagna su cui affiorano molti nostri stati d'animo, alcune emozioni, e anche pensieri.

È lo scrigno che racchiude la sacralità del nostro corpo; è la porta attraverso cui passa il nutrimento del sole; è il punto di contatto che ci permette di entrare in relazione con gli altri.

E la pancia? Cosa c'entra la pancia? Spesso, nei modi di dire, si fa riferimento alla pancia per esprimere le nostre sensazioni più profonde, le nostre intuizioni, il cosiddetto "sesto senso". È in quella zona del corpo che tutti noi abbiamo una cicatrice che ci ricorda che siamo stati uniti e nutriti per nove mesi in perfetta simbiosi con un altro essere umano.

Secondo le filosofie orientali, è proprio appena sotto l'ombelico che risiede il secondo chakra, (lo Svadhisthana, in sanscrito, che tradotto significa "luogo favorevole", riferendosi al porto sicuro in cui custodiamo la nostra vera natura). Proprio in virtù della sua posizione, rappresenta il nostro centro, cioè il fulcro della nostra energia emozionale. Il secondo chakra collega corpo, mente e spirito, un vero e proprio punto d'incontro tra la nostra interiorità e il mondo esterno.

Non solo cervello

Non solo cervello, quindi, per comprendere chi siamo e cosa proviamo, cosa pensiamo e come stiamo.

Amiamo e rispettiamo sempre il nostro corpo, saremo ripagati con una vita serena e consapevole.

> *Le mani sono uno strumento per comunicare col mondo. Le mani possono essere occhi e orecchie, e comunicare con estrema efficacia ciò che con difficoltà riuscirebbero a fare altri sensi.*

All'interno del cambiamento

Cambiare per crescere

Per fare un passo avanti nel nostro percorso di vita è necessario cambiare. Non è certo una considerazione particolarmente originale. È una legge naturale che ci accompagna sin da quando siamo stati concepiti.

Ciononostante, spesso, ce ne dimentichiamo e viviamo il cambiamento come una disgrazia, come un incidente di percorso col quale dobbiamo fare i conti.

La vita, non solo degli umani, è cambiamento. Ciò che è statico e non più soggetto a mutamento è morto (e, per essere corretti, anche ciò che è morto è soggetto a un deterioramento organico che, di fatto, è un cambiamento). Addirittura, anche ciò che non è vivo è soggetto a cambiamenti: pensiamo all'usura degli oggetti, alle variazioni nelle tinte di un dipinto, all'ossidazione dei metalli. L'incongruenza della nostra esistenza è che continuiamo a studiare per allungare la vita il più possibile e, contemporaneamente, ci intestardiamo nella vana ricerca di un modo per non cambiare e non correre rischi.

Perché, è chiaro a tutti noi che ogni tipo di cambiamento, anche il più banale, ci pone di fronte a un rischio ulteriore – oltre a quelli che corriamo costantemente ogni volta che respiriamo – di peggiorare qualche ambito della nostra vita, di sbagliare, di fare danni. E questo è vero sia nella vita personale sia in quella professionale.

Come fare, quindi, per riuscire a convivere serenamente col cambiamento e trarre addirittura stimoli, idee e risultati positivi da esso?

Non c'è la formula magica; esiste invece un percorso di avvicinamento al cambiamento e di conoscenza della nostra attitudine, dei nostri paradigmi e delle nostre reazioni al cambiamento che può portarci a entrare in relazione con esso con sempre maggiore apertura, trasformandolo gradualmente da nemico ad alleato.

Quando il cambiamento è cercato

Il cambiamento, ogni tanto, arriva, non voluto e non gradito; altre volte siamo proprio noi che lo cerchiamo e lo determiniamo. Immaginiamo le situazioni in cui vogliamo cambiare ruolo, in cui lavoriamo per creare nuove alleanze o fusioni con altre società, oppure, in ambito personale, quando decidiamo di cambiare abitazione, o di iniziare una nuova vita accanto a un'altra persona.

"Quando il cambiamento è voluto, è ovvio che non crea alcun problema".
No, non è per niente ovvio. E ne siamo tutti assolutamente coscienti.
Di solito, si vivono specifiche fasi che due ricercatori americani – Don Kelley e Daryl Conner – hanno chiamato "ciclo emotivo del cambiamento". Questo ciclo è composto di 5 fasi specifiche che corrispondono ad altrettanti stati emotivi.

L'**ottimismo ingiustificato** è quel particolare stato d'animo che abbiamo nel momento in cui decidiamo di voler attuare un cambiamento. Sembra tutto semplice e abbiamo una ingiustificata percezione di noi come invincibili e pronti a gestire ogni situazione.

Il **pessimismo giustificato**. È normale che in un percorso si incontrino difficoltà, vincoli e problemi; da un punto di vista emotivo, questi hanno un effetto devastante sul nostro entusiasmo e ci fanno vedere il nostro obiettivo sempre più lontano e irraggiungibile, fino a farci dubitare di aver fatto la scelta giusta nel decidere di attuare questo cambiamento.

Se riusciamo a superare questa fase, e non sempre riusciamo – infatti, numerosi progetti di cambiamento non arrivano a compimento – approdiamo alla fase 3:

Il **realismo incoraggiante**. Questa terza fase è la più delicata e la più importante in assoluto in un percorso di cambiamento. Continuando nel nostro percorso con determinazione e rimanendo focalizzati su quanto abbiamo deciso di fare e di ottenere, anche il nostro stato d'animo cambierà e saremo pronti per la fase successiva.

L'**ottimismo giustificato** è il momento in cui ci rendiamo conto che difficoltà, problemi e vincoli possono essere superati e, realmente, sono stati superati. A questo punto, vediamo avvicinarsi il nostro traguardo e ci rendiamo obiettivamente conto che è alla nostra portata. Continuiamo quindi il nostro cammino sino ad arrivare alla meta.

Tuttavia, il nostro percorso di cambiamento non è ancora terminato. Specialmente nel mondo del lavoro, il nostro cambiamento non è sufficiente a garantire il cambiamento di un sistema complesso come un'azienda. Dobbiamo adoperarci per consentire al cambiamento di esprimere tutto il suo potenziale. Ciò è possibile aiutando le persone che hanno subìto il cambiamento che noi abbiamo deciso - e quindi sono mosse probabilmente da fattori motivanti più deboli rispetto ai nostri a trovare l'energia e la determinazione necessarie per valorizzare il cambiamento in atto.

L'ultima fase è la **conclusione**. Ricordiamoci che cambiare non è sempre facile, e raggiungere l'obiettivo non è scontato. È importante, perciò, che ogni progetto di cambiamento portato a termine, sia esso personale o professionale, sia celebrato e festeggiato. Questo non vuol dire darsi alla pazza gioia e pensare di essere degli eroi, vuol dire che il raggiungimento dei risultati creati da un cambiamento deve diventare esperienza per consentirci altri cambiamenti che, proprio grazie ai successi ottenuti, saranno sempre più entusiasmanti e sempre meno fonte di preoccupazione.

Quando il cambiamento è subìto

Il discorso è molto diverso quando il cambiamento non l'abbiamo voluto, neppure lontanamente desiderato. Ci è mai capitato di essere stati trasferiti in azienda, dovendo di conseguenza cambiare ruolo, tipo di lavoro, team di riferimento e, addirittura, luogo in cui vivere? Abbiamo mai vissuto sulla nostra pelle un progetto di fusione tra aziende, una pesante riorganizzazione, l'introduzione di un nuovo sistema informatico?
Chi l'ha vissuto sa cosa significa, sia a livello organizzativo sia a livello emotivo.
Anche in questi casi, il passaggio tra diversi stati emotivi si dipana lungo un periodo di tempo più o meno lungo, in base alla portata del cambiamento, alle sue effettive caratteristiche e potenzialità, e a quanto noi siamo direttamente coinvolti.
All'inizio sono la **paura** e la **preoccupazione** a fare la parte del leone. Queste emozioni sono rinforzate dalle chiacchiere di corridoio – di solito senza alcun fondamento di verità – e dai voli di "fantasia horror" che ne derivano. In ogni caso, anche in assenza di questi acceleratori, ogni volta che si va verso una situazione ignota e potenzialmente problematica, avere paura è abbastanza naturale.
Successivamente, arriva la **rabbia**, che nasce da un errato ma comprensibile senso di ingiustizia di cui ci sentiamo vittime. "Ma guarda cosa doveva succedere! Proprio a me, proprio ora!". Questo è un esempio di frase che, spesso, accompagna i nostri pensieri quando stiamo attraversando questa fase emotiva.
Corroborato dalla paura e dalla collera, emerge il **pessimismo**, una sorta di senso di impotenza e di sopraffazione di fronte a quanto sta succedendo. Abbiamo la percezione che tutto funzioni peggio di prima, che tutto sia più lento e più difficile, che ormai i "tempi d'oro" (anche se, nella realtà, non erano nemmeno di latta) non torneranno più.
L'innato istinto di conservazione, ci induce, dopo lo scoraggiamento, a decidere di provarci, perché nuotare costantemente controcorrente è faticoso e non ci porta da alcuna parte, visto che non siamo salmoni. Quindi, iniziamo ad **accettare il cambiamento**, a

sperimentarlo, a trovare soluzioni per integrarlo nella nostra vita e coglierne i lati positivi.

Molte volte, superati gli ostacoli emotivi, ci accorgiamo che, in fondo, la nuova situazione non è per niente rispondente al quadro a tinte fosche che avevamo dipinto e, perciò, ritroviamo lo **slancio** e la **motivazione** per riprendere il nostro cammino con positività ed entusiasmo.

Per non raccontarci favole, dobbiamo ammettere che, alcune volte, il cambiamento non porta per niente nuove opportunità e rinnovato entusiasmo. In seguito a un cambiamento, obiettivamente, le condizioni di lavoro, addirittura la qualità della vita, potrebbero abbassarsi notevolmente. Superare le fasi di condizionamento emotivo è comunque indispensabile per poter analizzare e valutare con lucidità la situazione e decidere le azioni che vogliamo mettere in atto.

Gestire il cambiamento in sintesi

Non esiste una regola che vada bene per tutte le situazioni e per tutte le persone. I cambiamenti stessi possono essere di tipo e di portata molto diversi tra loro. Noi stessi, in differenti momenti della nostra vita, possiamo reagire a uno stesso cambiamento in maniera addirittura opposta.

Può comunque essere d'aiuto sapere e capire quali sono le fasi emotive che guidano la relazione col cambiamento; ciò ci permette di riconoscere in quale fase ci troviamo per riuscire a gestirla in modo consapevole, anziché esserne vittime.

> *La vita, non solo degli umani, è cambiamento.*
>
> *L'incongruenza della nostra esistenza è che continuiamo a studiare per allungare la vita il più possibile e, contemporaneamente, ci intestardiamo nella vana ricerca di un modo per non cambiare e non correre rischi.*

Non ci sono più le mezze stagioni

Chiedi a una persona che soffre di allergia ai pollini delle fioriture se non ci sono più le mezze stagioni.
"Non ci sono più le mezze stagioni". Cosa vuole sottintendere questa frase un po' scontata e figlia di una certa predisposizione al lamento? Di fatto, da quelle parole emerge una sorta di nostalgia per qualcosa che non è più come una volta, come magari è nel ricordo di chi la pronuncia, perché collegata a situazioni e realtà che non sono più le stesse, a persone che non ci sono più, a un sé che non è più quello di un po' di anni prima.
Non sono le mezze stagioni a non esserci più, chi non c'è più è la persona ricordata in quelle mezze stagioni ormai passate, connesse indissolubilmente a emozioni, esperienze, sentimenti che non torneranno.
Questo è anche il cambiamento: la consapevolezza che quando abbiamo finito di leggere un libro, possiamo anche decidere di riaprirlo da principio e rileggerlo da capo, ma troveremo di sicuro una storia diversa.

Eppure cambiare fa paura

Un corridoio lungo e buio. Le ombre che si riescono appena a distinguere a pochi passi da noi vengono inghiottite in un nero compatto, opaco, sordo. Il terreno su cui poggiano i nostri piedi è indefinitamente morbido; potrebbe essere terra umida, ma anche materiale sintetico. Arriva un ticchettio irregolare nel ritmo e nel volume, non riusciamo ad allineare il nostro passo a quella cadenza capricciosa. E da lontano sentiamo una musica noiosa, stridula; ci attrae e ci respinge contemporaneamente.
Non possiamo far altro che avanzare, perché il buio risucchia la strada percorsa e non ci permette di tornare al passato.
I passi vorrebbero essere lenti, misurati, valutati uno ad uno, per farci fare la cosa giusta, per non rischiare più del dovuto… e invece ci accorgiamo che stiamo procedendo a una velocità forsennata, protesi in avanti come se volessimo tagliare il filo di lana del traguardo; le pupille dilatate in cerca di luce; il cervello concentrato per cogliere un qualsiasi indizio di fine, o di principio.

Come possiamo dire che attraversare il momento del cambiamento sia particolarmente divertente? Quando percorriamo il corridoio che ci porta fuori dalla nostra zona di comfort è difficile che ci sentiamo a nostro agio. Può darsi che l'adrenalina, la curiosità, l'aspettativa di ciò che troveremo in fondo al corridoio ci facciano procedere con una buona dose di fiducia in noi stessi e nel futuro, comunque cambiare è sempre impegnativo.

La storia ci aiuta

Non parliamo certo della storia che si studia sui libri. Parliamo della nostra storia, e non necessariamente di quella che abbiamo vissuto.

Ci riferiamo piuttosto alla storia che ci raccontiamo relativamente all'esperienza che stiamo vivendo. Noi ci raccontiamo continuamente la nostra storia, evidenziando determinati passaggi, soffermandoci su specifiche frasi e inquadrature, come farebbe un regista, uno scrittore, o uno sceneggiatore. E così scriviamo la nostra storia, frutto delle continue letture e interpretazioni di ciò che stiamo vivendo attraverso i filtri dei nostri paradigmi personali, delle nostre credenze su di noi, sugli altri, sul contesto.

Sono queste storie che creano le nostre emozioni e i nostri atteggiamenti verso la realtà in cui ci troviamo, e anche verso il cambiamento che stiamo affrontando.

Diventare consapevoli della nostra storia, scriverla per come vogliamo viverla, per quello che riteniamo possa essere un paesaggio a noi utile per la situazione con cui ci stiamo misurando, può diventare uno strumento efficace per predisporci nel migliore dei modi a vivere il cambiamento con fiducia e ottimismo.

> *Questo è anche il cambiamento: la consapevolezza che quando abbiamo finito di leggere un libro, possiamo anche decidere di riaprirlo da principio e rileggerlo da capo, ma troveremo di sicuro una storia diversa.*

Un corridoio è un corridoio

Buio o illuminato, largo o angusto, è comunque un posto di passaggio che ci conduce da una zona a un'altra. È una strada obbligata se vogliamo scoprire cosa c'è dopo, se vogliamo continuare il nostro percorso di crescita da protagonisti, per non dover lamentarci delle mezze stagioni che non ci sono, ma accogliere invece la nostra nuova versione di noi in una primavera che c'è. Eccome se c'è!

Stare bene e sentirsi bene. Dono o scelta?

Come spesso capita in ogni ambito della vita, le cose non sono mai completamente bianche o nere.
La nostra salute e il nostro benessere sono la conseguenza di una nostra naturale predisposizione alla buona salute, di un ambiente salutare nel quale viviamo, delle ottime condizioni di vita in cui ci troviamo. Non tutto è nelle nostre mani, e quando siamo in buona salute, la gratitudine non è mai da dimenticare.
Ma non basta.
Salute e benessere sono anche il risultato di un impegno costante nel condurre una vita capace di creare e mantenere le condizioni migliori affinché proprio la salute e il benessere possano prosperare. Si tratta quindi di innescare un circolo virtuoso.
Sul tema della salute fisica non ci addentriamo perché esula dal nostro ambito di lavoro e di ricerca.
Per quanto riguarda il benessere, vale la pena di soffermarci a fare qualche riflessione per capire come è possibile migliorarne la qualità.

Le tipologie di benessere

C'è un benessere materiale, economico, un benessere relazionale, psicologico, un benessere fisico, un benessere organizzativo nel lavoro, un benessere sociale, un benessere culturale, un benessere alimentare, un benessere spirituale, un benessere ambientale. E forse la lista non finisce neppure qui, pur se questi sono i tipi in cui più frequentemente è declinato il benessere.
Non si tratta certo di stabilire quale, tra questi, sia il più importante. E comunque la risposta non potrebbe mai essere in termini assoluti e oggettivi.
Più utile può essere soffermarci a riflettere su quali, tra queste tipologie, noi investiamo maggiormente tempo e risorse e, ancora più importante, se la tipologia di benessere su cui noi concentriamo la maggiore attenzione è proprio quella che noi vogliamo sviluppare.
Talvolta capita che il sentire comune, la cultura di cui è permeata la società in cui viviamo, i valori e le credenze della famiglia di origine ci portino a credere che il nostro benessere personale sia collegato al raggiungimento di alcuni specifici obiettivi, per poi

accorgerci che averli traguardati non ci restituisce quello stato di intima soddisfazione e di serenità che pensavamo di ottenere.
È perciò molto importante sapere qual è il tipo di benessere a cui noi vogliamo veramente tendere.

Il benessere e il lavoro
Questi due elementi della nostra vita sono sempre necessariamente in antitesi?
Il benessere è uno stato che coinvolge tutti gli aspetti dell'essere umano e caratterizza la qualità della vita di ogni singola persona all'interno di una comunità, della società in generale e delle organizzazioni in particolare.
Secondo una recente ricerca, è emerso che il 62% dei manager ritiene di avere più volte messo davanti l'andamento del business rispetto al proprio benessere.
Lavorare con persone che non si sentono bene nell'approccio al loro lavoro, ha un costo per l'azienda in termini di assenze e malattia, di produttività e di employer branding.
Senso di solitudine, incapacità di bilanciare lavoro e vita privata, difficoltà nell'adattarsi alle condizioni di lavoro da remoto, stress, preoccupazioni per il futuro: i recenti studi di GoodHabitz e della francese Féfaur dimostrano che l'impatto positivo della pandemia e dello smart working sul benessere dei dipendenti e sulla loro salute mentale è stato consistente.
Tuttavia, sebbene in Italia la pandemia abbia portato a una notevole crescita nella flessibilità e nella libertà di usufruire del lavoro agile, secondo una ricerca italiana commissionata da LinkedIn, il lavoro da remoto ha avuto anche ripercussioni negative sullo stress (46% del campione) e sulla concentrazione, sul sonno e sulla salute mentale in generale (18%), oltre a provocare un aumento del carico di lavoro, che ha riguardato quasi metà degli intervistati (48%) e, in alcuni casi, la paura di perdere il posto di lavoro (16%).
A questo punto, ci si può fare soltanto una domanda: per raggiungere il nostro benessere, l'unica soluzione è diventare così ricchi da non aver più bisogno di lavorare?
Forse l'interrogativo più utile dovrebbe essere su come le persone interpretano il loro lavoro; sulla qualità del contributo che sentono di apportare a loro stesse, all'azienda e alla società intera attraverso il loro lavoro; sul significato che loro stesse e gli altri attribuiscono ai risultati di quel lavoro.

Da sempre sappiamo che l'inattività fisica e mentale non è foriera di benessere, e tantomeno di salute. Allora, qual è il confine tra il lavoro come strumento di benessere e di valore e il lavoro come causa di stress e di alienazione?
E, soprattutto, chi disegna questo confine?

Ricetta per il benessere

Carol Ryff, psicologa e docente presso la University of Wisconsin-Madison, una delle principali esperte internazionali nell'ambito del benessere psicologico, ha elaborato una descrizione ampia del benessere corredata da strumenti di misurazione.
Muovendo dalla prospettiva aristotelica del benessere come realizzazione autentica di sé e basandosi su una solida ricerca empirica, ha proposto un modello multidimensionale del benessere psicologico.

In quest'ottica, il benessere psicologico è considerato l'insieme e l'integrazione di diversi fattori, nello specifico di sei elementi fondamentali:

- ✓ **autonomia**: capacità di essere indipendenti, di auto-determinarsi, di sviluppare un pensiero libero rispetto alle pressioni sociali, di valutare se stessi in base ai propri standard;
- ✓ **padronanza del contesto**: capacità di padroneggiare l'ambiente in cui si vive, cogliendo le opportunità e fronteggiando le avversità, in base ai propri valori;
- ✓ **crescita personale**: sensazione di trovarsi in un percorso di continuo sviluppo e in grado di esprimere il proprio potenziale, rimanendo aperti a nuove esperienze;

> *Non tutto è nelle nostre mani, e quando siamo in buona salute, la gratitudine non è mai da dimenticare.*
> *Ma non basta.*
> *Salute e benessere sono anche il risultato di un impegno costante nel condurre una vita capace di creare e mantenere le condizioni migliori affinché proprio la salute e il benessere possano prosperare. Si tratta quindi di innescare un circolo virtuoso.*

- **relazioni positive con gli altri**: costruire relazioni affettive e sociali basate sulla fiducia, sul calore, sull'intimità, sull'empatia e sulla reciprocità;
- **scopi della vita**: sentire di direzionare le proprie energie verso scopi definiti, che diano un senso alla propria vita, in continuità tra passato e presente;
- **accettazione di sé**: mantenere un atteggiamento positivo verso se stessi, riconoscendo e accettando pregi e difetti.

Dal viaggio all'esperienza

Uno dei più bei libri di Tiziano Terzani è "Un indovino mi disse" in cui l'autore narra di quando un indovino, nel 1976, gli fece una previsione alquanto inquietante: nel 1993 avrebbe corso un gran rischio di morire durante un volo.

Dopo tanti anni, Terzani non dimentica la profezia e decide che, per quei prossimi 365 giorni, non si sarebbe spostato con l'aereo, scegliendo mezzi di trasporto alternativi.

Inizia per lui, attraverso quella scelta, una delle esperienze più straordinarie della sua vita.

Passo dopo passo

Passo dopo passo, chilometro dopo chilometro. Il viaggio ci conduce, ci ispira, ci sorprende. È la scoperta di come possiamo essere diversi, se solo accettiamo di trovarci in un posto diverso. È incontrare paesaggi, luci, suoni, profumi a cui non avevamo mai pensato.

Tutto ciò che di nuovo riesce a entrare in comunicazione con noi, ci cambia irreversibilmente e ci fa diventare persone nuove, arricchite di ciò che per noi, fino a quel momento, non esisteva.

La magia di una nuova pozione alchemica si è completata e la nostra vita non sarà più la stessa.

Il viaggio più bello

Il viaggio più bello è quello che facciamo. E la vita più bella è quella che viviamo.

Appoggiare i nostri piedi su una strada di cui non conosciamo il disegno e la fine; guardare un orizzonte dalle sfumature ancora in divenire; sentire che i nostri pensieri stanno ricevendo un'energia che ancora non ci era stata permessa.

Questo è il viaggio. E quando viaggiamo nasciamo di nuovo, e di nuovo, ogni volta che troviamo un luogo che ci accoglie con un abbraccio a noi ancora ignoto.

Viaggiare è crescere

Si viaggia per crescere, o forse si cresce per poter viaggiare. Viaggiando si cresce, senza che ve ne sia l'intenzione o il desiderio, proprio perché ogni viaggio è una piccola vita dentro la vita, e la vita non può esistere senza la crescita.

Viaggiamo anche stando fermi, tutte le volte che decidiamo di voler conoscere qualcosa di nuovo, su di noi, sugli altri, sul mondo di cui siamo parte. E sono sempre viaggi meravigliosi.

> *Il viaggio più bello è quello che facciamo.*
> *E la vita più bella è quella che viviamo.*

La responsabilità fa male e crea dipendenza

Tutti continuano a sostenere l'importanza dell'assunzione della responsabilità; di quanto questa virtuosa abitudine aiuti le persone nella loro crescita personale e nella loro autorealizzazione.
Perché quindi un titolo così provocatorio?
Perché la continua assunzione di responsabilità, cioè vivere responsabilmente la propria vita, è un atto di coraggio che, come tutti gli atti di coraggio, ha delle controindicazioni.
Partiamo da Viktor Frankl.

La proattività

Se ne parla tanto, ma vale la pena ribadire il concetto, semplice eppure potente, alla base di ogni comportamento responsabile.
Proattività è una parola giovane, non ha neppure un secolo di vita. Nasce ad opera di Viktor Frankl, un neurologo austriaco di religione ebraica, che durante la sua deportazione in un campo di concentramento nazista, osserva i comportamenti umani.
Si accorge che, pur in totale assenza di libertà, i prigionieri scelgono di agire in modi tra loro diversi: c'è chi si dispera, chi spera, chi aiuta, chi piange, chi tenta la fuga e muore, chi si allea con gli aguzzini…
Com'è possibile, allora, credere che, in situazioni ben più ricche di opportunità, le persone pensino e sostengano di non avere possibilità di scelta?
Inizia così la sua ricerca sulla capacità umana di rispondere consapevolmente al contesto e agli stimoli esterni attraverso azioni e comportamenti liberi.
Farsi carico di questa consapevolezza significa assumersi la responsabilità di cosa si fa e di chi si è. Significa essere proattivi.
La proattività permette all'essere umano di sviluppare in maniera concreta la consapevolezza di sé e di vivere dando un significato reale alla propria esistenza.
Per Frankl, proattività è sinonimo di significato della vita.
E fin qui, tutto bene.

La responsabilità

Il particolare senso di libertà e potere che conferisce la consapevolezza della propria proattività, ha un rovescio della medaglia molto pesante, che non sempre può essere neutralizzato dalla soddisfazione di essere padroni della propria vita: si tratta della responsabilità.

La libertà di scegliere ci rende immediatamente responsabili dei nostri risultati.

Niente più alibi, giustificazioni, colpe, dita da puntare a destra e a manca come radar in cerca della preda da sacrificare al nostro posto in nome della nostra sopravvivenza emotiva.

Se siamo noi ad aver scelto i nostri comportamenti, siamo noi ad avere le informazioni e gli strumenti per rispondere dei risultati ottenuti. Possibilità di dare risposta: respons-abilità.

Il concetto è facile ma, talvolta, impietoso.

Ecco quindi che la responsabilità diventa pericolosa.

La responsabilità senza coraggio può diventare pesante come un blocco di cemento legato a una caviglia.

Quando sappiamo che la responsabilità è nostra, per non trovarci a dover rispondere di errori, di scelte poco felici, di decisioni non adeguate, non facciamo, cadendo nell'orrido tranello che la vita ci tende continuamente: illuderci che non fare sia la soluzione; non facendo, stiamo soltanto decidendo di non fare, e anche questa decisione ha conseguenze.

Responsabili-dipendenti

Quando ci abituiamo ad assumerci la responsabilità di ogni nostra attività e decisione, si sviluppa una sorta di dipendenza da quella stessa responsabilità. Non possiamo, e soprattutto non riusciamo, a immaginare qualcosa di cui non essere noi a risponderne in prima persona.

> *La responsabilità senza coraggio può diventare pesante come un blocco di cemento legato a una caviglia.*

Cosa c'è di male? Potremmo chiederci. In effetti, sembra che questa abitudine non possa che essere sana e virtuosa.

Eppure c'è un pericolo anche in questo; è sottile, quasi impercettibile, eppure è capace di rovinarci – se pur in maniera benigna – alcuni momenti della nostra vita.

Talvolta, lasciar fare agli altri, goderci la sorpresa, affidarci alla guida di qualcuno è bello, può farci rilassare i muscoli della schiena, sempre così abituati a sopportare il peso di ogni singolo secondo di vita.

Tradotto, assumersi la responsabilità non può e non deve voler dire non fidarsi di nessuno, non delegare, non abbandonarci ogni tanto alle cure di chi ci vuole bene, senza dovere e volere per forza essere noi i registi di ogni sequenza del film.

Le azioni del tempo

Cosa ce ne facciamo del tempo?

Indipendentemente da ciò che noi decidiamo di fare col tempo e nel tempo che abbiamo a disposizione, questo esiste e trascorre. Noi siamo molto interessati al tempo, ma è un interesse unilaterale; il tempo è del tutto indifferente a noi e alla relazione che con lui decidiamo di instaurare.

Accanto alla parola tempo mettiamo tanti verbi che narrano come noi conduciamo la nostra vita, come affrontiamo i nostri impegni, la responsabilità che ci assumiamo di fronte ai ruoli che ricopriamo. Usiamo perciò il tempo come elemento comune a tutta l'umanità per esprimere chi siamo, come ci relazioniamo con gli altri, come gestiamo la nostra vita.

Giochiamo qualche minuto a interpretare alcune tra le più comuni modalità di raccontare le azioni che ci illudiamo di svolgere nei confronti del tempo.

Risparmiare tempo

Quale tipo di investimento facciamo quando decidiamo di risparmiare il tempo? Quanto tempo riusciamo ad accumulare quando lo risparmiamo? E quale interesse otteniamo da questo tipo di investimento?

È chiaro che il tempo non si può risparmiare, né accumulare.

È importante che il tempo sia usato bene, sia nella quantità sia nella qualità. Cosa vuol dire ciò? Vuol dire innanzitutto che dobbiamo avere ben chiari gli obiettivi che vogliamo raggiungere per riuscire a decidere quali sono le cose importanti da fare e scegliere quanto tempo dedicare alle diverse attività della nostra giornata. Significa anche dare il valore corretto ai nostri impegni, per non rischiare di lasciare in un angolo della nostra vita elementi importanti e preziosi, mentre siamo distratti dalle incombenze urgenti ma, di fatto, poco significative.

Il tempo scorre, non abbiamo la possibilità di risparmiarlo, di guadagnarlo, di donarlo o di chiederne un po' in prestito. Limitiamoci a vivere la nostra vita con consapevolezza e con la gioia di sapere che stiamo facendo il meglio per noi e per gli altri (e non è un "limitarsi"; è una gran cosa!).

Perdere tempo

Quante volte capita di aggirarsi per casa con lo sguardo di un segugio, cercando disperatamente il cellulare o gli occhiali? "Eppure, li avevo lasciati qui! Dove posso averli appoggiati?". Ti è mai successa una situazione del genere? Se la risposta è no, complimenti!

Ti è mai capitata una situazione simile in cui ciò che stai cercando, perché non ti ricordi dove lo hai appoggiato, è il tempo? In questo caso, c'è da sperare che la risposta sia no, altrimenti la situazione è quantomeno bizzarra.

Eppure, senza che ci affanniamo a cercarlo, quante volte ci capita di lamentarci di aver perso tempo? Cosa vogliamo esprimere con questa frase?

Dietro a questa affermazione si cela la frustrazione e il rammarico di accorgerci di esserci dedicati ad attività e impegni per noi senza valore. È questo il tasto dolente. Quante volte riempiamo le nostre vite di cose senza importanza?

"Senza importanza" non significa "senza importanza per noi"; nella vita non siamo soli, ci sono i nostri cari, il lavoro, la società in cui viviamo, i colleghi, l'azienda in cui esprimiamo la nostra professionalità. Come si diceva prima, il valore può essere riferito alla nostra persona o a ciò che entra nella nostra vita, con livelli di coinvolgimento intellettuale, emotivo, affettivo e spirituale diversi. Ma tutti ugualmente significativi.

Quando invece abbiamo la sensazione di aver perso tempo è perché abbiamo dedicato momenti irripetibili della nostra esistenza a qualcosa che non li meritava.

Correre contro il tempo

Quando corriamo contro il tempo significa che stiamo ringiovanendo? Magari! Verrebbe voglia di farlo spesso, se solo ne avessimo l'opportunità…

A parte gli scherzi, è possibile correre contro il tempo? Sicuramente no, proprio perché, almeno per ora, non siamo in grado di invertire la direzione di marcia dello scorrere della vita. E allora, quando usiamo questa frase, qual è il messaggio che stiamo passando a noi stessi e agli altri?

Forse, stiamo descrivendo lo stato di grande ansia che sta accompagnando il nostro fare. Purtroppo, l'accelerazione del nostro battito cardiaco e del nostro respiro, l'aumento della nostra pressione sanguigna, i pensieri che si affastellano disordinatamente nella nostra testa, la sensazione di dover soccombere sotto una valanga di impegni non ci aiutano a essere efficaci nell'affrontare le situazioni complesse, importanti e urgenti della nostra vita, sia essa personale o professionale.

Meglio respirare a fondo, analizzare con calma, assegnare le giuste priorità, valutare se possiamo delegare o farci aiutare, e poi fare, una cosa alla volta, e farla bene, per non doverla rifare o creare ulteriori motivi di ansia.

Il tempo non è qualcosa da combattere o da sfidare in una gara. Il tempo è. Che a noi piaccia oppure no; che noi esistiamo oppure no; che noi vogliamo fare mille cose malamente, farne dieci bene, o fare assolutamente niente.

Rubare il tempo

Cosa fa, di solito, un ladro? Ruba per usare o per rivendere. Insomma, ruba per trarne un guadagno. Lo fa con destrezza, oppure scassinando qualche serratura, eludendo i sistemi di controllo o, peggio, usando violenza o minacciando con le armi.

Il tempo non può essere rubato, in nessun modo. Perché il tempo non ci appartiene.

I ladri di tempo, poverini, sono i capri espiatori della nostra disorganizzazione, della nostra incapacità di scegliere cosa è veramente importante, della nostra mancanza di coraggio per fermare una persona che ci distoglie dai nostri impegni con chiacchiere insulse o pretese egoistiche.

I ladri di tempo deresponsabilizzano le loro vittime; accolgono accuse infondate e, peggio di tutto, non ne traggono alcun vantaggio.

Se per caso pensiamo di essere noi dei ladri di tempo, una cosa utile può essere scegliere un altro mestiere più redditizio!

Gestire il tempo

"Per superare questo momento di super impegni, ho deciso che per i prossimi quindici giorni la giornate dureranno 36 ore, ognuna delle quali durerà 120 minuti".

Questa potrebbe essere una eccellente gestione del tempo. Peccato che non sia possibile.

Il tempo non può essere gestito; come abbiamo già detto, noi possiamo gestire le nostre attività, decidendo cosa fare in prima persona, cosa possiamo delegare, il livello di attenzione e qualità da dedicare a una specifica azione, cosa eventualmente possiamo rimandare.

Il tempo, fortunatamente, è quello e rimane tale, indipendentemente dai nostri desideri.

Rispettare il tempo

Forse il gioco sembra un po' monotono, ma vale la pena ricordare che ciò che dobbiamo imparare a rispettare è la nostra vita; come la usiamo, come la dedichiamo a chi e a cosa è importante per noi e per gli altri.

Questa è l'unica forma di rispetto che vale la pena di perseguire con forza, ogni giorno della nostra vita.

> *Noi siamo molto interessati al tempo, ma è un interesse unilaterale; il tempo è del tutto indifferente a noi e alla relazione che con lui decidiamo di instaurare.*

Specchio servo delle mie brame...

L'importanza dei desideri
"Specchio, servo delle mie brame...". Immaginiamo che anche tu ti ricordi questa famosissima frase. Quale fosse il messaggio profondo e subliminale che Walt Disney volesse trasmettere, non tanto ai bambini quanto ai loro genitori, attraverso queste parole, non è precisamente conosciuto.

In ogni caso, dietro a queste cinque semplici parole si cela una verità che può aiutarci a capire quanto può essere importante avere dei desideri.

Attraverso lo specchio, noi ci guardiamo; ci mettiamo in contatto con noi stessi e, se osserviamo non soltanto l'aspetto esteriore, ma insinuiamo lo sguardo anche al nostro interno, scopriamo quali sono le nostre brame, cioè i nostri desideri. Quando conosciamo i nostri desideri, allora lo specchio - cioè la conoscenza di noi - diventa il "servo" dei desideri stessi e ci permette di acquisire la consapevolezza e la determinazione necessarie per raggiungerli.

I desideri sono identici agli obiettivi? No. Gli obiettivi hanno caratteristiche ben definite: sono concreti, misurabili, sfidanti e, allo stesso tempo, raggiungibili, hanno scadenze specifiche... insomma, rispondono a standard precisi che, quando disattesi, determinano l'impossibilità di annoverare tra gli obiettivi un traguardo che comunque vogliamo raggiungere.

I desideri non devono sottostare ad alcuna regola. Possiamo permetterci di desiderare situazioni, cose e risultati anche apparentemente irraggiungibili, senza bisogno di chiederci come e quando ci riusciremo. I desideri sono quelli che, quando affiorano, ci obbligano a sorridere.

Quindi, quale relazione c'è tra gli obiettivi e i desideri?

Quando ci abituiamo a lasciare spazio ai nostri desideri, è più facile entrare in contatto con ciò che vogliamo veramente, non inquinato dalle aspettative altrui, dalle abitudini, dai pensieri dati per scontati, dai sentieri già tracciati.

Quando abbiamo desideri forti, da lì possono discendere i nostri obiettivi strategici.

Come raggiungere gli obiettivi
Ogni obiettivo può essere raggiunto attraverso strategie diverse.

Nonostante ciò, come abbiamo detto prima, un obiettivo ben definito ci pone già nella migliore condizione possibile per permetterci di raggiungerlo.

È importante quindi sapere cosa vogliamo veramente, e conferire a questa meta le caratteristiche indispensabili per riuscire ad arrivarci.

Dobbiamo scegliere obiettivi specifici, ben chiari, dai contorni definiti.

Il raggiungimento, e la precedente fase di avvicinamento al traguardo, devono poter essere misurati. Se non possiamo misurare i nostri progressi, non possiamo sapere se siamo sulla strada giusta, se stiamo rispettando la tabella di marcia, se dobbiamo cambiare qualcosa nella nostra strategia o nella nostra tattica. È come decidere di intraprendere un viaggio e, prima di iniziare il cammino, bendarci gli occhi.

Un obiettivo, se è vero che nasce da un nostro grande desiderio, riguarda la sfera della straordinarietà della nostra vita. Deve perciò essere ambizioso, spingerci a metterci alla prova, a dare il meglio di noi, a crescere, a evolvere, a incarnare la migliore versione di noi.

> *Quando conosciamo i nostri desideri, allora lo specchio – cioè la conoscenza di noi – diventa il "servo" dei desideri stessi e ci permette di acquisire la consapevolezza e la determinazione necessarie per raggiungerli.*

A differenza dei desideri, abbiamo detto che un obiettivo deve essere raggiungibile. Obiettivi che sappiamo già essere impossibili da raggiungere, sono sicura garanzia di fallimento e frustrazione. Attenzione però a non confondere la sfida con l'idea dell'impossibile. Troppe volte vengono abbandonate sfide possibili solo perché molto impegnative.

L'obiettivo deve prevedere un tempo entro cui raggiungerlo. Se non c'è scadenza, inevitabilmente siamo portati a rilassarci e a pensare che "tanto, c'è tempo". Quando inneschiamo questi tipi di pensieri, smettiamo di fare, procrastiniamo e, purtroppo, i risultati non si raggiungono.

La meta o il viaggio?

Quando i nostri obiettivi sono stati scelti e decisi con cura e metodo, allora inizia il nostro viaggio.

Conta più il viaggio o la meta? Certamente, se abbiamo posto un obiettivo è perché riteniamo che arrivare alla meta sia molto importante. Il fatto è che, indipendentemente dal risultato che otterremo, se veramente mettiamo tutte le nostre risorse ed energie al servizio di quell'obiettivo, se ci impegniamo in un percorso di crescita ed evoluzione per ottenere quel risultato, se ci mettiamo in discussione ed esprimiamo la migliore versione possibile di noi stessi, anche se dovessimo rinunciare a raggiungere l'obiettivo, avremo comunque vinto. Il viaggio non sarà stato vissuto invano, perché ci scopriremo persone diverse e migliori da quelle che avevano raccolto la sfida.

Definiamo insìeme gli obiettivi

Non sempre le idee sono chiare quando dobbiamo e vogliamo definire un obiettivo; può essere molto utile farci aiutare da un coach esperto che sa guidarci nelle riflessioni e nelle scelte.

Un buon compagno di viaggio può essere un fattore determinante nel raggiungimento dei nostri traguardi.

IL TEMPO DELLA VITA

Pensieri e riflessioni sulla nostra esistenza e sul mondo intorno a noi.

Stelle, pianeti e buchi neri

Chi di noi, almeno una volta nella vita, non si è fermato, col naso all'insù, gli occhi spalancati dalla meraviglia e il fiato sospeso per l'emozione ad ammirare una notte stellata?

A mano a mano che osserviamo e cerchiamo con lo sguardo nuovi punti di luce, appaiono ai nostri occhi nuovi ricami sfolgoranti tra il buio del cielo; è una bellezza sconvolgente che si dona a noi ogni sera, uno spettacolo fantasmagorico che, nel suo back stage, nasconde un'attività frenetica, propulsiva e di dimensioni inimmaginabili.

E se tutta questa magia fosse anche dentro di noi?

Pensiamo all'intricata e imperscrutabile rete di emozioni, di pensieri, di sentimenti che abitano la nostra mente. Di loro sappiamo poco; ora possiamo riconoscerli, capire quali aree del cervello vanno ad interessare, a quali azioni e comportamenti possono indurre, ma ancora è difficile riconoscere come e quando nascono, dove vanno a finire quando non li ritroviamo più.

Da dove arriva un'intuizione, la nostra immaginazione, un'ispirazione artistica? Dove finisce l'amore che non riusciamo più a provare, o un risentimento che scompare? Dove nasce il perdono e dove questo porta via con sé un'offesa subita?

Non è certo qui che possiamo risolvere quesiti che da millenni sono in attesa di risposta; ci divertiremo a giocare tra stelle, pianeti, buchi neri ed emozioni.

Le stelle

Antiche, e capaci di raggiungerci con la loro luce anche dopo la loro morte.

Ce ne sono di vari tipi e grandezze.

Le **giganti rosse**. Enormi, molto più grandi del sole. Alcune di esse sono tra le più antiche, quasi dei fossili siderali che risalgono a periodi primordiali della storia dell'Universo. La stella SMSS1605-1443, scoperta nel 2018, è identificata come una delle prime stelle della galassia.

Quali sono, dentro di noi, le giganti rosse?

Sono le nostre emozioni primarie, quelle che proviamo sin dai primi giorni di vita e che appartengono anche ad alcuni altri mammiferi.

Le emozioni primarie sono sei: gioia; tristezza; rabbia; paura; disgusto; sorpresa.

Le **blue straggler**. Sono ancora oggetto di dibattito scientifico, ma molti astrofisici sostengono siano stelle giovani. Sono stelle enigmatiche, difficili da comprendere e, forse anche per questo motivo, particolarmente affascinanti.

Potrebbero essere accomunate alle emozioni secondarie. Queste si originano dalla combinazione delle emozioni primarie e si sviluppano con la crescita dell'individuo e con l'interazione sociale.

Le emozioni secondarie sono più numerose; qui ne ricordiamo alcune, come ad esempio l'allegria, l'invidia, la vergogna, la gelosia, la speranza, l'ansia e il perdono. Come per le stelle, l'elenco è molto più lungo.

La VY Canis Majoris è un'**ipergigante rossa** e pare essere la stella più grande dell'Universo conosciuto. È molto brillante e per questo motivo ci è piaciuto associarla a una emozione molto particolare: la mudita. Questa emozione, descritta anche dal Principe Siddartha (meglio conosciuto come Buddha), è la capacità di provare gioia pura – non contaminata da invidia, risentimento o rammarico – per quanto di bello sta vivendo un'altra persona.

E poi c'è il **Sole**, la nostra cara stella – una **nana gialla** – che ci dona la vita. E proprio perché ci dona la vita, non può che essere abbinata all'amore, che non è un'emozione; forse è un sentimento, o forse è qualcosa di ancora più misterioso e complesso, ma è ciò che dona da sempre all'umanità la forza e l'energia per vivere e progredire.

Le **supernovae**. Queste ultime sono esplosioni stellari molto luminose e causano una emissione di radiazione che può, per brevi periodi, superare quella di una intera galassia.

Supernova

Quando avviene una supernova all'interno di noi stessi? Quando un'emozione prende il sopravvento sui nostri pensieri e sui nostri comportamenti, lasciandoci in balia dell'emozione stessa e rendendoci quindi vittime dei nostri stessi stati d'animo.

Ciò può capitare soprattutto con alcune emozioni come la rabbia, l'ansia, la paura, il risentimento, e altre simili. I risultati sono quasi sempre negativi, se non addirittura distruttivi.

Più diventiamo padroni e coscienti delle nostre emozioni, più possiamo viverle senza diventarne schiavi.

I pianeti

All'aumentare della distanza da una stella, la temperatura della nube circostante cala; ciò permette, all'inizio, l'aggregazione di particelle di polveri e, successivamente, aumentando la distanza, l'aggregazione di ghiaccio e polveri. È per collisione di queste aggregazioni che si formano i pianeti.

I pianeti nascono perciò dalle stelle.

In questo gioco di analogie, i pianeti del nostro sistema stellare personale sono i nostri comportamenti, le nostre azioni, ciò che diciamo, le relazioni che instauriamo con gli altri. Ogni nostro più piccolo gesto è un pianeta che ruota intorno alle nostre emozioni.

I buchi neri

In astrofisica, viene definito buco nero un corpo celeste caratterizzato da un campo gravitazionale talmente intenso che è capace di attirare al suo interno tutto ciò che gli passa sufficientemente vicino. Una volta che si entra nel buco nero, non si può più uscire; persino la luce rimane intrappolata nel buco nero.

Anche nella nostra vita troviamo dei buchi neri, forse non così definitivi, ma sicuramente impegnativi da affrontare. Sono i nostri fallimenti, le cocenti delusioni, i lutti importanti, gli stati depressivi, il senso di inadeguatezza e di inferiorità.

Stephen Hawking, che è stato uno fra i più autorevoli e conosciuti fisici teorici e cosmologi al mondo, ha sviluppato una rivoluzionaria teoria sui buchi neri. Questa sostiene e prova come tutta la materia che finisce in un buco nero viene costretta e confinata in una singolarità spaziotemporale insondabile, ma sarà restituita, prima o poi, sotto forma di radiazione, omogenea e indistinguibile, con un'energia e una forza impressionanti. È di pochi mesi fa la prima impressionante fotografia di un buco nero che espelle un getto relativistico.

Cosa ci può insegnare questa straordinaria scoperta scientifica? Che anche un buco nero, pur nella sua inquietante azione di annullamento della materia, la restituisce con energia potenziata a livelli incommensurabili. E così anche noi, di fronte alle avversità della vita, ne possiamo uscire ancora più forti e pieni di energia propulsiva.

> *Da dove arriva un'intuizione, la nostra immaginazione, un'ispirazione artistica?*
> *Dove finisce l'amore che non riusciamo più a provare, o un risentimento che scompare?*
> *Dove nasce il perdono e dove questo porta via con sé un'offesa subita?*

Compleanno o Birthday?

Gennaio 2023. Modus Maris ha compiuto 10 anni!

Il giorno del compleanno è, e dovrebbe essere, un momento di gioia, di festa e di gratitudine. Così è stato per Modus Maris che, proprio in concomitanza con questa ricorrenza, nei giorni dal 20 al 23 gennaio scorsi, ha offerto a tutti i suoi clienti la **Fiera dei doni del mare**: l'opportunità di condividere un importante momento attraverso una serie di attività formative, online o in presenza, queste ultime organizzate in diverse città italiane.

Eppure, il compleanno non è sempre vissuto come momento di festa. Molte persone temono quel giorno e lo vivono con emozioni che fluttuano tra la nostalgia e il rammarico per il passato che non torna, e la paura per il futuro che, inevitabilmente, si accorcia.

Vale la pena di riflettere sul significato che possiamo dare a questa giornata che accomuna ogni essere vivente, indipendentemente da qualsiasi classificazione che possa venire in mente di fare.

Lo spartiacque

Si può dire che il compleanno rappresenta un metaforico spartiacque tra il passato e il futuro?

Ogni volta che compiamo un anno, chiudiamo un ciclo che diventa "storia" e ne apriamo un altro che rappresenta il "futuro". Queste due entità sono ovviamente collegate senza soluzione di continuità e la distinzione tra l'una e l'altra potrebbe essere vissuta esclusivamente come rituale simbolico.

Ma potrebbe essere qualcosa di più profondo e dal significato non solo formale.

Cosa può influire fortemente sul valore e sul potere del giorno del compleanno? Persone che si appassionano allo studio della posizione delle stelle e dei pianeti potrebbero trovare argomentazioni molto interessanti in merito a tale questione.

Qui ci limitiamo a dire che, come sempre succede, chi può dare valore e significato alla propria vita – sia essa passata o futura – è la persona stessa, attraverso il suo atteggiamento, il modo di interpretare le esperienze vissute, la capacità di immaginare un futuro, l'energia che mette nei suoi pensieri e nei suoi progetti, nei suoi desideri e nelle sue decisioni.

Il potere delle parole: da compleanno a birthday

Anche le parole possono aiutarci a vivere questo giorno in maniera più o meno positiva. Il termine compleanno significa letteralmente "compiere un anno", cioè "terminare un anno". In questa parola è insito il significato del contare ciò che è finito. È naturale che l'idea del compleanno porti con sé la riflessione sul passato, su cosa abbiamo fatto, sui risultati raggiunti o sugli obiettivi mancati. Così, tante volte capita di vedere il compleanno come il momento dei bilanci, dei ricordi, della nostalgia, dei rimpianti.

Ecco, quindi, che spesso il compleanno si tinge di una sfumatura malinconica, resa ancora più opaca dalla consapevolezza che ogni anno il bilancio diventa sempre più corposo e le strategie sempre più a medio, e poi a breve termine.

Diverso carattere ha la parola birthday. Il suo significato è ben diverso, significa "giorno della nascita". È il festeggiamento della vita, e poco importa se è una festa che abbiamo già vissuto dieci, o cinquanta o novanta volte.

Il birthday è un inno alla vita, senza giudizio per chi siamo stati, ma soprattutto con l'intenzione di ricordarci che, poco o tanto tempo fa, siamo stati parte di un miracolo. Questo pensiero, da solo, dovrebbe essere in grado di mettere in moto energie ed entusiasmo almeno pari a quelli che furono necessari per farci venire al mondo.

Quando invecchiare non fa paura

L'idea di invecchiare, tendenzialmente, non crea grande entusiasmo. È vero, acquistiamo saggezza ed esperienza (almeno si spera); tuttavia, ci accorgiamo che il corpo lentamente cambia, diventa un po' meno forte, e anche un po' meno bello.

Abbiamo qualche piccolo acciacco che prima non c'era, e talvolta ci sembra che il pensiero sia un po' meno veloce e brillante. Sarà poi così? Mah...

Certo è che l'invecchiamento è un percorso che conduce verso una meta che tutti conosciamo bene. Eppure, c'è chi non ha paura di questa naturale e inesorabile regola legata indissolubilmente alla nostra esistenza.

Esistono ricette per vivere con gioia e serenità il trascorrere del tempo? Forse, una soluzione adatta a ognuno non esiste; di sicuro un aiuto sta nel vivere pienamente ogni giorno, nel creare valore che possa essere tramandato, che ci dia il ruolo di protagonisti – non per fama, per potere o per status – bensì per aver contribuito a rendere questa Terra migliore di come l'abbiamo trovata.

La soluzione è fare figli? Forse. È di sicuro un modo per tramandare fisicamente il nostro DNA, ma non è garanzia di avere arricchito con del valore concreto il nostro pianeta e le persone che lo abitano.

Dobbiamo quindi diventare degli eroi? No, quella è roba per pochi. Ma se le persone, pensando a noi, si ritrovano a sorridere, è già una grande e potente eredità quella che lasciamo.

Persone e aziende

La vita delle persone è una e non trasferibile. Ha un inizio e una fine e dobbiamo usarla al meglio. Le aziende possono sopravvivere alle persone, ce lo insegnano le tante imprese che da decine di anni (e alcune da più secoli) vivono e prosperano, rimanendo sempre giovani e proiettate verso il futuro.

Le aziende, a differenza delle persone, non hanno una fine, bensì un fine. Gestire un'azienda vuol dire assumersi la responsabilità di dare vita a qualcosa che può andare oltre la vita delle persone, che può vivere nel tempo con la stessa curiosità e intraprendenza di un fanciullo, pur riuscendo a sfruttare l'esperienza, come potrebbe fare solo un vecchio saggio.

Questa è la magia di un'azienda sana, viva, con traguardi da raggiungere e sogni da lanciare in cielo. Modus Maris ha compiuto quest'anno i suoi primi 10 anni di vita e desidera che ce ne siano ancora molti da condividere con i suoi clienti e col suo equipaggio, nei tempi che verranno.

> *Gestire un'azienda vuol dire assumersi la responsabilità di dare vita a qualcosa che può andare oltre la vita delle persone, che può vivere nel tempo con la stessa curiosità e intraprendenza di un fanciullo, pur riuscendo a sfruttare l'esperienza, come potrebbe fare solo un vecchio saggio.*

Fotografie

Mi aggiro per casa come un estraneo, guardo con nuovi occhi ciò che ho visto per tanti anni.

Scopro che c'è un piccolo salotto accolto all'interno di un bovindo; si affaccia curioso sul cortile deserto e muto.

Non ricordavo di avere questo salotto.

Su un tavolino rotondo, lucido, di legno scuro intarsiato di motivi floreali indistinguibili, trovo sparpagliate vecchie fotografie. Raccontano momenti cristallizzati e resi immortali.

Persone a me note, altre difficilmente riconoscibili, mi guardano attraverso la magia dell'obbiettivo fotografico.

Paesaggi rubati a luoghi distanti, a case familiari, a situazioni non riconducibili a esperienze vissute. Tutto lì, stampato e ammucchiato senza ordine. La storia è stata scomposta in molecole tra loro inconciliabili, condannate a spartire uno spazio comune ma mai condiviso.

Pezzi di carta ingiallita narrano, attraverso un'immagine, storie più vaste, non sempre fedeli al passato, ma comunque autentiche perché ormai sedimentate negli occhi e nell'anima di chi le rievoca.

Tocco quelle vite bloccate per sempre tra le sbarre del ritratto e mi sembra di sentire le voci, di percepire gli odori, di cogliere gli animi di quel momento.

Fotografie: vite limitate dai contorni della carta. Cosa c'era oltre l'inquadratura? Quali altre storie si stavano consumando appena fuori della portata dell'obbiettivo? Perché è stato deciso di interrompere la narrazione proprio in quel punto? Non valeva la pena di soffermarsi sul resto? Era sconveniente? Pochi centimetri in più avrebbero annesso un significato diverso al quadro?

Tutta la verità, nient'altro che la verità.

Come faccio a capire se dopo la verità raccontata, ce n'è ancora una parte, insignificante per tutti, che invece ha determinato proprio quella fotografia che tutti ci ostiniamo a osservare e a considerare la verità?

Riusciamo a ritrarre un albero piegato dal vento, ma non possiamo fermare l'immagine del vento.

Si vogliono sempre fatti, dati, prove concrete. Ci servono per rassicurarci; per farci dormire tranquilli, per vivere nell'illusione della sicurezza.

Dietro a ogni situazione concreta, dietro a ogni prova schiacciante, c'è sempre il vento che le ha generate. C'è sempre e soltanto il pensiero, talmente astratto e sfuggente, talmente segreto e inconfessabile, che non vogliamo neppure prendere in considerazione l'eventualità che esista.

Fuori dalle fotografie c'è quello che non si vuole far apparire, che non si vuole ricordare, che non si vuole menzionare, che non si vuole ammettere. Neppure a se stessi.

Fuori dalle fotografie c'è il burattinaio; ci sono i fili che muovono e mettono in posa i modelli; ci sono i grandi sceneggiatori e i registi che decidono come la fotografia deve apparire.

E si vive nell'illusione, creata ad arte, che ciò che è importante sia quello che ci viene permesso di osservare.

Chi è il fotografo?

Tratto dal libro "512411" di Monica Becco

Tu, cosa fotografi?

Quali sono le tue fotografie? Cosa ami narrare, e come lo descrivi? Preferisci i paesaggi di grande respiro dove lo sguardo si perde verso orizzonti lontani, oppure scegli di appoggiare l'occhio sui piccoli dettagli per scoprire i segreti celati e conoscere i meccanismi della vita? Sei attratto dalle albe chiare e languide, oppure dai tramonti infuocati?

Fotografi le persone e la loro vita, o ti concentri sui paesaggi immoti?

Non c'è una soluzione migliore di un'altra, tuttavia, le inquadrature che scegli determinano la tua visione del mondo, e anche di te. E la tua visione del mondo guida i tuoi pensieri, le tue decisioni, la tua vita.

Ogni tanto, cambia obbiettivo alla tua macchina fotografica, scoprirai una vita mai vista sino ad ora.

Fotografie: vite limitate dai contorni della carta. Cosa c'era oltre l'inquadratura? Quali altre storie si stavano consumando appena fuori della portata dell'obbiettivo? Perché è stato deciso di interrompere la narrazione proprio in quel punto?

Il valore della fragilità

Andare sempre avanti, non mollare mai, superare i momenti difficili e alzarsi dopo un caduta con la stessa leggerezza con cui potremmo spiccare il volo, se avessimo le ali.

La filosofia che imperversa in questo periodo esalta la forza, la resilienza, la tenacia talmente focalizzata sull'obiettivo che rischia di sfociare nell'ostinazione.

Se non si arriva primi, tanto vale arrivare ultimi, per non vivere l'umiliazione di arrivare secondi. Vince chi urla più forte, chi mostra i muscoli, chi critica con più veemenza, chi è più volgare nelle proprie esternazioni. Questo raccontano i media attraverso i programmi di intrattenimento che diventano sempre e comunque competizioni violente, i confronti politici, le tavole rotonde in cui si respira adrenalina e antagonismo.

Questi sono i modelli che vengono proposti e che, inevitabilmente, assorbiamo senza neppure rendercene conto, noi adulti come i bambini e gli adolescenti, i quali non posseggono neppure i filtri dei valori e dell'interpretazione personale che hanno gli adulti.

Poi, però, leggiamo libri e articoli, partecipiamo a iniziative di formazione, seguiamo percorsi individuali per applicare una leadership gentile, per sviluppare la nostra capacità di ascolto e di accoglienza di ciò che è fuori di noi, per entrare in empatia con gli altri.

La resilienza fa male?

La resilienza è la capacità di reagire positivamente alle difficoltà, ai fallimenti, agli errori, senza perdersi d'animo e senza dubitare della propria autostima e autoefficacia.

Perché mai dovrebbe far male un atteggiamento simile? Significa accogliere l'errore e le prove che la vita ci chiede di superare confidando in noi, nelle nostre capacità e nella possibilità di avere a disposizione un contesto in grado di supportarci nel nostro procedere.

La resilienza è infatti considerata una preziosa caratteristica da sviluppare e mettere in atto ogni volta che siamo o ci sentiamo in difficoltà.

Eppure, pensare che esista soltanto l'acciaio, e che solo questo sia degno di ammirazione, possa vivere e sopravvivere, può essere pericoloso e, soprattutto, toglie la gioia di poter essere anche porcellane trasparenti, cristalli leggeri, impalpabili garze di cotone, lucenti sete variopinte.

Anche se siamo forti e siamo capaci di procedere eroicamente attraverso tutte le avversità della vita, permettiamoci anche il lusso di piangere, di chiedere aiuto, di abbassare la testa e sederci quando sentiamo che non ce la facciamo più. Ammettere e accogliere la nostra umanità, è anch'essa un'altissima forma di coraggio.

Alla base del coraggio c'è la paura

Una delle definizioni di coraggio fornite dai dizionari è: "Forza d'animo nel sopportare con serenità e rassegnazione dolori fisici o morali, nell'affrontare con decisione un pericolo, nel dire o fare cosa che importi rischio o sacrificio".

La definizione di coraggio è più lunga, declinata in altre accezioni; se sei curioso, puoi approfondire in tal senso. In ogni caso, l'unica cosa che non viene nominata, come talvolta si sente dire, è che il coraggio sia l'assenza della paura.

La paura è una delle emozioni più antiche della specie umana, e anche di molte altre specie viventi; essa ha permesso e garantito – e tutt'ora questo è il suo principale compito – la nostra sopravvivenza ed evoluzione.

Se non avessimo paura, e non l'avessimo avuta all'inizio della nostra esistenza sulla Terra, ci saremmo estinti immediatamente.

Il coraggio consiste proprio nel riconoscere la paura, nel comprenderla, nel valutare quando ha senso sfidarla e andare oltre.

Perché, quindi, ammettere di provare paura dovrebbe essere indizio di scarso coraggio?

Pensare che esista soltanto l'acciaio, e che solo questo sia degno di ammirazione, possa vivere e sopravvivere, può essere pericoloso e, soprattutto, toglie la gioia di poter essere anche porcellane trasparenti, cristalli leggeri, impalpabili garze di cotone, lucenti sete variopinte.

Generazioni: mondi a confronto

È un argomento di grande attualità, di quelli che "fanno tendenza" e sono ormai onnipresenti in convegni e tavole rotonde di ogni tipo. Del resto, il confronto intergenerazionale ha ripercussioni in tutti gli ambiti della vita: dalla famiglia al lavoro, dalla cultura all'intrattenimento, dalla vita pubblica alle associazioni di ogni tipo, per non parlare del mondo dei consumi.

Da sempre, il succedersi delle generazioni porta con sé il confronto e lo scontro tra chi rappresenta momenti di storia diversi e attitudini a leggere e interpretare la vita secondo paradigmi differenti.

Cosa è cambiato, quindi, ora? Cosa ha fatto ingigantire una questione quasi fisiologica tanto da farla diventare un problema di dimensioni preoccupanti?

Potrebbero esserci vari tipi di risposte, ognuna delle quali apre le porte su questioni importanti e di vasta portata.

Ci limiteremo qui a proporre qualche spunto di riflessione, utile per invitarti a ulteriori approfondimenti.

Quanto dura una generazione?

Innanzitutto, cosa si intende per generazione? La letteratura definisce la generazione come un insieme di persone che sono nate e vissute in un determinato periodo di tempo e, perciò, condividono alcuni aspetti e valori del vivere presente - perché hanno esperienze tra loro vicine - e hanno una visione simile del futuro.

Le generazioni, col passare degli anni, coprono un arco temporale sempre più piccolo.

La **Greatest Generation** comprende i nati dal 1901 al 1927, più di un quarto di secolo, la generazione successiva, denominata **Generazione Silenziosa** è durata già meno, dal 1928 al 1945, ed è stata seguita dai famosi **Baby Boomers** (1946-1964). Questi sono stati sostituiti dalla **Generazione X** (1965-1980), e poi dalla **Generazione Y** – o Millennials che dir si voglia – (1981-1996), per arrivare alla **Generazione Z**, iniziata nel 1997 e già conclusasi nel 2012. I nati di questi ultimi anni già appartengono a una nuova generazione, la **Generazione Alpha**.

Siamo quindi passati da generazioni che coprivano tra i venti e i venticinque anni a generazioni che a fatica ne coprono quindici.

Cosa significa questo? E quali sono le motivazioni di questa accelerazione?
È chiaro che le generazioni tengono il ritmo del tempo del mondo; se questo porta cambiamenti sempre più veloci, ne derivano profili sociologici sempre diversi; questo vuol dire che, anche con età abbastanza ravvicinate – ben al di sotto del divario fisiologico che esiste tra genitori e figli – le persone appartengono a culture diverse.
Ciò ha ripercussioni importanti in ogni tipo di ambiente, da quello famigliare (in cui, peraltro, si diventa genitori ad età sempre più avanzate) a quello professionale.
È sempre più urgente e importante, quindi, sviluppare il dialogo e il confronto tra le generazioni per permettere le sinergie e le contaminazioni culturali utili allo sviluppo della civiltà.

L'importante è avere un pubblico
Se è vero che stiamo assistendo a un fenomeno di velocizzazione del succedersi delle generazioni, è anche vero che il confronto e lo scontro tra generazioni è una costante che ha da sempre accompagnato le dinamiche della società di ogni tempo.
Oggi, questo aspetto sociologico, assolutamente naturale, sta subendo una spettacolarizzazione da parte dei media – come accade per tanti altri aspetti del tutto normali della vita – con la conseguente acuizione delle caratteristiche e delle ripercussioni stesse del problema.
Vuol dire che il confronto intergenerazionale non merita alcuna attenzione? Al contrario, è un punto d'interesse molto importante per il benessere sociale generale.
Forse, però, anziché sottolineare i rischi e i pericoli della moltitudine di culture e di stili di apprendimento delle varie generazioni, sarebbe più utile concentrarsi sul valore che l'eterogeneità e la poliedricità intellettuale possono apportare in ogni campo e in ogni ambito di vita.

Quando al lavoro non ci sono solo "genitori" e "figli"
Accanto a generazioni dalla vita sempre più corta, c'è una vita professionale che diventa sempre più lunga.
Se pensiamo che, negli anni '80, i dipendenti statali andavano in pensione a 39 anni di età anagrafica, questa può sembrare una situazione quasi fantascientifica.

Ora, nelle aziende, ci sono dipendenti che si avvicinano ai settant'anni di età; questi, se messi in relazione ai nuovi assunti della Generazione Z, possono essere, da un punto di vista generazionale, i trisavoli.

Quando il divario intellettuale e culturale è così ampio, diventa imprescindibile trovare terreni comuni di incontro e di confronto; è necessario guidare e sostenere le persone nella ricerca e nella valorizzazione di modalità relazionali e di comunicazione efficaci.

Non si tratta di metterci solo la "buona volontà" come talvolta si sente dire; si tratta di creare condizioni di lavoro adeguate e funzionali alla creazione e al mantenimento di sinergie positive.

> *Anziché sottolineare i rischi e i pericoli della varietà di culture e di stili di apprendimento delle varie generazioni, sarebbe più utile concentrarsi sul valore che l'eterogeneità e la poliedricità intellettuale possono apportare in ogni campo e in ogni ambito di vita.*

Siamo ciò che mangiamo (anche con l'anima)

Nelle iniziative, nei giornali e nei programmi dedicati alla salute e al benessere, spesso si sente dire che noi siamo ciò che mangiamo.
Sicuramente è così. Il nostro corpo vive e sopravvive grazie al nutrimento che immettiamo attraverso il cibo e le bevande. Se ci nutriamo bene, con cibi sani e con una dieta equilibrata, il nostro fisico se ne avvantaggia e ci restituisce il favore regalandoci salute e vitalità. Ciò, ovviamente, in termini teorici e generali. In ogni caso, nutrirsi in modo corretto e consapevole è sempre d'aiuto, anche per combattere una eventuale patologia.
Questo principio vale per il nostro corpo. E per la nostra mente? Per la nostra anima? Per affrontare con serenità ed equilibrio le nostre vite, sempre più frenetiche e concitate? È sufficiente mangiare bene e fare eventualmente ricorso a qualche integratore vitaminico?
Forse no.

Il cibo della mente e dell'anima
Anche la nostra mente si nutre, così come la nostra anima. Non sempre, però, ci preoccupiamo troppo di cosa diamo loro da mangiare.
Gli stimoli che ci arrivano dall'esterno sono spesso a base di violenza, fisica o psicologica; di contrasti forti; di bruttezza e cattivo gusto.
Siamo talmente abituati a questo cibo, che quando ci imbattiamo in qualcosa di bello, di rasserenante, di elegante, ne prendiamo le distanze e lo etichettiamo come superficiale e melenso.
Il cinema, come il teatro e la letteratura contemporanei, o i testi delle canzoni, sono spesso affreschi di una vita triste, disagiata, violenta e disperata. E tutto ciò che non si allinea a questi canoni è considerato di Serie B.
Poi ci chiediamo perché le persone sono sempre così tristi, affogate in un pessimismo cosmico più profondo di quello leopardiano, assetate di cattive notizie, perennemente prostrate, in uno stato di stanchezza e astenia da cui pare non riescano a uscire.
Questi stati d'animo fanno soffrire le persone e le risucchiano in un loop negativo che peggiora ancor più la loro condizione.

Così a casa, così in azienda

La vita in azienda è la riproduzione di ciò che avviene nel mondo. È vero, stiamo attraversando momenti difficili; eppure, chi ci ha preceduto ha superato prove anche più ardue di queste recenti. Nonostante il contesto, le persone non hanno smesso di ballare il boogie woogie, di identificarsi in un futuro migliore, di amare i colori, di avere fiducia in se stesse e nel futuro.

Anche in azienda c'è bisogno di bellezza, di ottimismo, di predisposizione ad accorgersi anche di cosa va bene, sia nel business sia nelle persone.

Abbiamo tutti bisogno di rivedere la qualità della nostra dieta psicologica e spirituale; se non ci disintossichiamo da tutta la spazzatura che i media e i social ci cucinano ogni giorno, rischiamo di avere corpi sanissimi che reggono menti stanche e prive di entusiasmo.

Noi ne abbiamo bisogno come persone e come leader, per poter essere guide e punti di riferimento per le persone dei nostri team.

Le nostre aziende ne hanno bisogno, per unire a una vocazione economica, un'altra ugualmente importante di tipo sociale.

C'è bisogno di leader ispirati e appassionati, che vogliano e sappiano cercare la bellezza e l'armonia, perché di questo c'è bisogno per vivere bene, crescere e progredire.

La bellezza salverà il mondo

Fëdor Dostoevskij lancia una domanda provocatoria: *"La bellezza salverà il mondo?"*. Ovviamente, lui non si riferisce all'aspetto esteriore di cose e persone; la bellezza di cui l'autore parla è quella che si sprigiona dall'uomo veramente buono che si confronta con le difficoltà della storia attraverso un animo semplice ed eticamente corretto.

Per poter avere uno sguardo e un animo belli è necessario però disintossicarli dalle brutture e dalle violenze gratuite e fini a se stesse, dalla spettacolarizzazione delle tragedie, dal gusto della violenza verbale usata come stimolante della nostra produzione di adrenalina (se per caso non ne avessimo già a sufficienza in giro per le vene).

Cerchiamo la bellezza intorno a noi, facciamoci guidare dall'arte, dalla perfezione della natura, dalla genialità delle scoperte e delle invenzioni della mente, da quanto di bello e di buono le persone hanno voluto e saputo fare sin dall'inizio della storia.

La bellezza porterà altra bellezza. Non può che essere così.

> *Cerchiamo la bellezza intorno a noi, facciamoci guidare dall'arte, dalla perfezione della natura, dalla genialità delle scoperte e delle invenzioni della mente, da quanto di bello e di buono le persone hanno voluto e saputo fare sin dall'inizio della storia.*

Puzzle, mosaico o mandala?

La vita, attraverso la letteratura, le opere d'arte, l'antica mitologia e la filosofia è stata descritta attraverso un infinito numero di metafore. Ognuna di esse si concentra e porta in evidenza alcune caratteristiche e altrettanti significati che la vita porta con sé.
Abbiamo voluto concentrarci su tre metafore specifiche, le quali, pur avendo tratti comuni, guidano la riflessione verso significati tra loro molto diversi.
Stiamo parlando del puzzle, del mosaico e del mandala.
Cosa sono e cosa possono raccontarci sulla vita?

Il puzzle

Il puzzle è un gioco di pazienza che consiste nel riordinare gli elementi sparsi di un intero con l'obiettivo di ricomporre un'immagine. Deriva il suo nome dal termine inglese *Jigsaw puzzle* dall'etimo incerto, in bilico tra rompicapo, imbarazzo ed enigma.
Il puzzle è caratterizzato dal fatto che ogni piccolo pezzo del gioco ha una sua specifica collocazione; nulla è sbagliato o inutile. La bravura del giocatore risiede nel trovare il giusto posto e utilizzo per ogni tessera, nel valorizzare ogni singolo elemento e renderlo utile per la composizione dell'immagine finale.
L'insegnamento del puzzle è proprio la fiducia e la pazienza, caratteristiche indispensabili per rendere preziosa la nostra vita. E anche la capacità di osservare, di capire come ogni esperienza, ogni azione, ogni conoscenza può diventare elemento importante per la costruzione della nostra vita.
Qualche volta sembra che qualche elemento proprio non abbia nulla a che fare con ciò che vogliamo costruire, ma non è così; tutto serve e tutto porta valore. Se non troviamo subito il suo utilizzo, non buttiamolo, teniamolo da parte e, presto o tardi, ci tornerà utile
Il puzzle è, per alcuni aspetti, assimilabile a un labirinto, il quale rappresenta la metafora del cammino di conoscenza di sé. È un percorso lungo, talvolta faticoso, perché ci si può sentire persi, stanchi, frustrati, ma la fiducia nel fatto che il labirinto, pur se con strade tortuose, ci può portare a una sola meta, deve sviluppare la nostra fiducia e la nostra determinazione a procedere.

Il mosaico

Il mosaico è un'antichissima tecnica decorativa sviluppatasi in Asia Minore e in Mesopotamia; è caratteristica del mondo greco-romano. Con essa, per mezzo di frammenti di pietre naturali, di terracotta o di paste vitree, bianche, nere o colorate, applicati su una superficie solida, viene riprodotto un determinato disegno.

Il mosaico ci parla della capacità di unire pezzi di diversa natura e convogliarli in un'unica opera dove le varietà diventano il valore fondamentale dell'insieme. Ma non solo. Il mosaico è un'arte che fa dello scarto uno dei suoi più potenti punti forti.

I frammenti dei materiali sono tante volte utilizzati per creare mosaici; basta pensare al Parc Güell di Gaudí a Barcellona, o alla Maison Picassiette di Chartres. In più, a differenza del puzzle, nel mosaico non tutti i pezzi diventano parte del disegno finale. Le tessere sono create e tagliate, e questo metodo crea scarti.

La vita ci espone a queste situazioni, ci insegna e ci richiede di gestire "gli scarti", cioè i nostri errori; qualche volta da essi impariamo e su di essi costruiamo la nostra fortuna; talvolta dobbiamo solo imparare e trovare la forza e la determinazione per alzarci, anche dopo una brutta caduta.

Se abbiamo commesso degli errori, questo non significa che la nostra opera d'arte rimarrà incompiuta; significa soltanto che dobbiamo percorrere strade diverse.

Se il puzzle è, per qualche verso, accostabile all'idea del labirinto, il mosaico si avvicina di più al significato del dedalo: un andirivieni intricato di strade o di passaggi in cui sia facile perdere l'orientamento; il dedalo non ha un solo punto di arrivo, non c'è una soluzione precostituita. In base alle scelte che facciamo possiamo giungere in posti diversi.

Il mandala

La parola "mandala" significa "essenza" o anche "cerchio, circonferenza". Nella tradizione religiosa buddista e induista, il mandala è realizzato con polveri di vario colore sul suolo. La sua forma circolare è la raffigurazione dell'universo interiore che ciascuno ha al suo interno. E siccome ognuno di noi è in un continuo divenire, il mandala, una volta realizzato, pur essendo bellissimo, viene distrutto per realizzarne un altro.

Il mandala può essere veramente la metafora della nostra crescita e del nostro cambiamento.

Nessuno di noi, oggi, è la stessa persona che era ieri, come non è la stessa persona che sarà domani. La nostra stessa vita è un perpetuo mandala che si ricrea instancabilmente ad ogni nostra esperienza.

L'importante è che ogni nostro mandala sia un'opera d'arte.

> *Il **puzzle** rappresenta la fiducia e la pazienza, caratteristiche indispensabili per rendere preziosa la nostra vita.*
> *Il **mosaico** è un'arte che fa dello scarto uno dei suoi più potenti punti forti.*
> *Il **mandala** è la metafora della nostra crescita e del nostro cambiamento.*

Con o senza maschera?

Da sempre, gli esseri umani amano mascherarsi. Lo fanno con scopi rituali, religiosi, sociali, conviviali. Usano trucchi, maschere realizzate con i materiali più disparati, costumi, tatuaggi, copricapi.

La maschera ripara e, allo stesso tempo, svela. Permette di entrare in relazione con l'esterno attraverso un patto diverso da quello che si stringerebbe a volto scoperto.

Il carnevale è uno dei momenti dell'anno in cui, più di altri, grandi e piccoli usano mascherarsi. Lo si fa da secoli e, pur dopo tante evoluzioni e rivoluzioni socio-culturali, ancora i profondi significati antropologici e psicologici dell'atto di mascherarsi sono rimasti pressoché invariati.

Le maschere e la commedia dell'arte

La commedia dell'arte nasce in Italia nel XVI secolo e si distingue dagli altri contemporanei generi teatrali per il professionismo degli attori.

La peculiarità di questa produzione teatrale è di non basarsi su copioni definiti in ogni battuta, ma su dei canovacci, che forniscono esclusivamente indicazioni generiche sulle azioni e sugli scherzi da mettere in scena; il resto dello spettacolo è responsabilità degli attori che improvvisano.

Altra importante caratteristica della commedia dell'arte è la presenza di specifici personaggi che compaiono in tutte le rappresentazioni. Questi rappresentano particolari profili socio culturali della popolazione e vengono rappresentati da maschere e costumi che, ancora oggi, sono famosi: Arlecchino, Brighella, Pantalone, Colombina, Balanzone, Pulcinella, Capitan Spaventa, Gianduja, Giacometta, Stenterello, e tanti altri.

È proprio nella commedia dell'arte che, per la prima volta, si esibisce una donna, Lucrezia Di Siena, ingaggiata da una compagnia che propone spettacoli nel periodo di carnevale.

La denominazione "commedia dell'arte" viene nel tempo sostituita da commedia all'improvviso (o improvvisa), commedia a braccio, per poi arrivare, ai giorni nostri, a evolvere nel teatro d'improvvisazione.

Il ruolo

Sempre nell'ambito teatrale, troviamo la genesi del ruolo. Ruolo deriva dal latino rotolum, cioè rotolo, il foglio arrotolato sul quale, all'epoca, era trascritta la parte che l'attore doveva interpretare.

Successivamente, iniziò a identificare la parte stessa.

La maschera e il ruolo sono quindi termini che nascono in teatro ma vengono molto usati anche oggi in tanti ambiti tra loro talvolta estremamente diversi; narrano entrambi qualcosa che ha a che fare con la recitazione, con l'interpretazione di personaggi e situazioni distanti, o almeno differenti, dalla realtà.

Dal teatro all'azienda

Ruoli e maschere. Sembrano elementi caratteristici del teatro e della commedia in generale; eppure, quante volte proprio queste due stesse parole sono utilizzate nell'ambiente professionale?

Potrebbe sembrare poco confortante pensare che i nostri colleghi, i nostri capi, i nostri collaboratori, i nostri clienti, e noi stessi, per essere aderenti e coerenti con

> *La maschera ripara e, allo stesso tempo, svela. Permette di entrare in relazione con l'esterno attraverso un patto diverso da quello che si stringerebbe a volto scoperto.*

un ruolo, indossiamo maschere e interpretiamo personaggi.

Di fatto, è proprio la vita, anche al di fuori dei perimetri aziendali, che ci porta a uniformare comportamenti, modalità relazionali e stili di comunicazione al ruolo che in quel momento stiamo ricoprendo.

La stessa parola "persona" deriva da un vocabolo etrusco che significa "maschera teatrale". Sembra quindi quasi indissolubile il connubio tra l'essere umano e la rappresentazione che questo dà di sé all'esterno.

In azienda, che significato può avere questa riflessione?

Può voler dire molte cose; tra le tante, ne possiamo ricordare due molto significative.

Ricordiamoci sempre qual è il nostro ruolo. Se siamo capi e, perciò, punti di riferimento e di esempio per la nostra squadra e ogni nostro collaboratore, non possiamo interpretare il ruolo del collaboratore stanco e demotivato. Arlecchino non è Pantalone.

Non facciamo delle situazioni una questione personale. Siamo in azienda con obiettivi, compiti e ruoli. Ciò che succede è all'interno di quel contesto e di quella rappresentazione. Solo raramente, i fatti e le situazioni si riferiscono a noi come persona. Ricordare questo vuol dire evitare molto stress, frustrazioni e risentimenti inutili.

Alla scoperta delle origini della festa

La "festa" è stata studiata nelle sue accezioni religiose e politiche già prima di diventare oggetto di indagine delle scienze sociali. Quando lo è diventata, con gli studi del sociologo francese Èmile Durkheim, il suo significato non si è mai completamente evoluto rispetto alle iniziali valutazioni sull'utilità o pericolosità della festa nei confronti dell'insieme sociale o di una devozione religiosa socialmente utile. Queste considerazioni sono state riprese nel Novecento, quando si è colta la scomparsa della dimensione comunitaria espressa nella festa.

Festa e rito

È abbastanza comune fare confusione tra festa e rito. Questi due termini non sono sinonimi e descrivono esperienze e situazioni tra loro vicine, ma non sovrapponibili. Mentre il rito è una sequenza formalizzata di azioni, la festa è, innanzitutto, un vissuto collettivo. Il rito è qualcosa che si fa, la festa è qualcosa che si sente. Il rito evidenzia una distinzione tra officianti e partecipanti, mentre la festa nasce addirittura per confondere le distinzioni.

Può capitare che feste e riti siano celebrati in contemporanea (pensiamo ai matrimoni), ma ognuno di essi ha caratteristiche e obiettivi diversi. Il rito è un insieme di azioni obbligate, la festa ne determina la cornice fatta del vissuto degli attori coinvolti nel rito, le cui azioni non sono sempre derivate dal rito stesso.

La concezione olistica della festa

La concezione olistica della festa comprende l'idea della festa come esperienza della comunità e quella della festa come esperienza del tempo. Sin dal Settecento, e fino ad oggi, tutte le più significative espressioni di festa rientrano nell'una o nell'altra di queste accezioni.

A partire dalla fine del Seicento, le preoccupazioni religiose unite all'illuminismo progressista fecero diminuire drasticamente la quantità di feste per evitare gli inutili sperperi di risorse e il divertimento smodato che esse portavano.

Una voce fuori dal coro fu quella di Rousseau. Egli sosteneva che la festa è uno strumento di unione di un "popolo" che agisce attraverso una molla emotiva, *"Piantate in mezzo a una pubblica piazza un palo coronato di fiori, ponetevi intorno un popolo, e otterrete una festa"* sosteneva. Per il famoso filosofo svizzero la festa non è soltanto occasione di divertimento, ma diventa un vero e proprio strumento di costruzione civile e di unificazione sociale.

Dopo Rousseau, la definizione più celebre di festa è quella del già citato Durkheim. Egli fonda la sua teoria sullo studio dei "primitivi" australiani i quali alternano periodi di isolamento sociale, usati per gestire le attività volte alla sopravvivenza individuale, a periodi di incontri collettivi, in cui essi vivono e sperimentano realtà diverse da quelle abituali.

Attraverso i pensieri e le teorie di Rousseau e Durkheim, si crea una identificazione tra festa e unità sociale, la quale diventa mezzo e manifestazione del sacro fondante della collettività.

Nel suo significato positivo, la festa è soprattutto un'esperienza della comunità attraverso la quale questa conferma i propri confini e i propri ambiti. Nel significato negativo, la festa è trasgressione, pur con ancora la principale funzione di rafforzare la comunità che ne è protagonista.

Per sintetizzare, la concezione olistica della festa si regge su una serie di contrapposizioni: sacro/profano, individuo/comunità, utile/spreco, norma/trasgressione. Gli altri due elementi della festa, nel suo significato olistico, sono proprio la riunione comunitaria e la totalizzazione temporale.

Il protagonista della festa

Proprio la mancanza di questi due caratteri fondanti ha portato molti studiosi a sostenere che la festa sia ormai scomparsa.

La festa dell'individuo moderno non è più totalizzante; chi vi partecipa è anche, in parte, un estraneo che oscilla tra partecipazione e distacco. I flussi di pensiero ed emotivi, oltre ai significati simbolici non sempre condivisi fino in fondo che lo attraversano, lo portano talvolta fuori dal mondo della festa.

La stessa persona, nel contesto festivo, diviene attore plurimo di diverse situazioni. La festa, quindi, non basta più a se stessa e non riesce ad assorbire i protagonisti in una dimensione unica e totalizzante.

Il perimetro della festa

Gli elementi che delimitano lo "spazio" delle feste sono tre. L'**umore festoso** di cui parlava Freud. Lo si può definire "ethos festivo", intendendo per ethos, come asserisce l'antropologo britannico Gregory Bateson *"l'espressione di un sistema standardizzato di organizzazione degli istinti e delle emozioni degli individui"*. I suoi tratti distintivi sono la gioia, la giocondità, la piacevolezza, il valore della socievolezza e l'atmosfera della partecipazione.

Il secondo elemento che delimita l'osservabilità di una festa è dunque la **decisione collettiva** – non esplicita, ovviamente, ma implicita nei comportamenti e nelle disposizioni – di utilizzare come prevalente riferimento comunicativo il modo simbolico. Non che questo venga usato solo nella festa, come è evidente, ma non v'è festa senza il suo uso. I simboli possono concretizzarsi nella scelta del tipo di abbigliamento, nel posto scelto per la festa stessa, nel tipo di interazioni che si sviluppano, nella scelta di codici di comunicazione ulteriori adottati (maschere, costumi, elementi accessori, motivo conduttore, etc.).

Il terzo elemento è la **libertà dei partecipanti**. Ciò significa che l'eventuale presenza o la centralità di un orientamento autorevole del modo simbolico non costringe tutti gli attori ad assumerlo come esclusivo riferimento simbolico. Questo è un punto nevralgico della distinzione tra rito e festa.

L'importanza della festa

Da questo breve excursus sulle origini e sui significati che una parola apparentemente così semplice come

> *Attraverso i pensieri e le teorie di Rousseau e Durkheim, si crea una identificazione tra festa e unità sociale, la quale diventa mezzo e manifestazione del sacro fondante della collettività.*

"festa" porta con sé, appare chiaro quanto sia importante dare spazio e dignità a questi momenti, anche e soprattutto all'interno della vita di team e intere aziende.

Non si tratta soltanto, come abbiamo visto, di trovarsi per un brindisi in compagnia, ma è piuttosto la creazione e il mantenimento di un'unitarietà sociale e antropologica all'interno di una comunità che vuole e deve condividere percorsi complessi di crescita e di successo.

Dall'inizio alla fine

L'inizio arriva molte volte in punta di piedi. Non ce ne accorgiamo neppure.
Altre volte l'inizio è festeggiato con gioia e con grandi manifestazioni di entusiasmo e di ottimismo.
Non è raro che l'inizio sia invece accompagnato dalla paura.
Alla stessa maniera, anche la fine non è caratterizzata sempre dalle medesime emozioni: talvolta queste quattro lettere sono bagnate dalle lacrime del dolore, del risentimento, della delusione e della rabbia; oppure le lacrime possono raccontare la gioia e la soddisfazione, o anche il dispiacere per qualcosa di bello che non sarà più; capita anche che le cose finiscano sbiadendo lentamente, per condurci a una postuma consapevolezza di aver perso qualcosa senza neppure essercene accorti.

L'inizio

L'inizio è da sempre il simbolo della nascita. È lo schiudersi dell'oggi verso il futuro.
Ecco perché l'inizio è di solito festeggiato come apportatore di nuove opportunità, nuovo valore, nuova energia.
L'inizio è speranza e aspettativa; è fiducia nei passi che ancora devono essere mossi. Quando si inizia, l'equipaggiamento è perfetto e completo, la compagnia è integra, la predisposizione fisica e mentale è al massimo.
Ma, è sempre così?
Talvolta si inizia anche se non si vorrebbe, anche se non si potrebbe, anche se le condizioni non sono perfette e i tempi non sono favorevoli. Eppure si inizia, perché non si può fare altrimenti. Siamo stati scaraventati impietosamente fuori dall'utero che ci proteggeva e non abbiamo potuto fare altro che piangere per allargare i polmoni e cominciare a respirare.
Fuori di metafora, talvolta gli inizi sono faticosi, fanno paura e non sappiamo neppure bene dove quei primi passi ci porteranno. Sono gli inizi che arrivano dopo i cambiamenti travolgenti che hanno destabilizzato le nostre vite; sono gli inizi che ci investono nostro malgrado e che, se avessimo potuto evitare, lo avremmo fatto con piacere.
Eppure, anche quegli inizi contengono vita che, in ogni momento, può serbare sorprese meravigliose e insospettabili.

Poi ci sono gli inizi che ci sospingono quasi impercettibilmente, come un debole ma continuo venticello che ci invoglia a fare un passo dopo l'altro, con leggerezza, con curiosità, quasi per gioco. Pensiamo a come sono nate talvolta le grandi amicizie, a come sono sbocciati lentamente gli amori più profondi, a come sono germogliate dentro di noi le passioni più travolgenti.

Iniziamo ogni giorno, quando apriamo gli occhi al mattino, una nuova storia della nostra vita, come l'inedita puntata del nostro personale romanzo. Lo iniziamo talvolta con noia e fastidio, dimenticandoci che sta a noi far diventare il nostro romanzo un capolavoro.

La fine

È vero. Se l'inizio è il simbolo della nascita, la fine è il simbolo della morte. Questo rende il senso della fine un po' inquietante, buio, tenebroso.

Ma la fine, nel contesto della vita, può molte volte essere occasione di gioia, di festeggiamenti, di orgoglio e soddisfazione.

La fine si nutre del passato, perché davanti a sé non ha nulla, se non un nuovo inizio che, però, apre a una storia diversa.

La fine ci racconta chi siamo stati e ne esalta i risultati, oppure ne evidenzia gli errori.

In ogni caso, la fine dovrebbe essere sempre un'occasione di crescita per guardare chi eravamo, imparare da quelle persone che non saremo più e concentrarci sul chi saremo, perché è la vita che ci attende quella in cui possiamo fare la differenza.

Talvolta, la fine si insinua trasparente ed evanescente tra le pieghe della routine, della noia, del conosciuto, e riesce a far perdere colore e vividezza al presente, fino ad accompagnarci verso un luogo sconosciuto nel quale ci risvegliamo, e capiamo che siamo giunti a un capolinea in mezzo al niente.

Anche in quei casi, però, se è vero che voltandoci troviamo solo indistinte pozze di colori mescolati e torbidi, è altrettanto vero che abbiamo tutta la libertà e

> *La fine dovrebbe essere sempre un'occasione di crescita per guardare chi eravamo, imparare da quelle persone che non saremo più e concentrarci sul chi saremo, perché è la vita che ci attende quella in cui possiamo fare la differenza.*

tutta la leggerezza necessarie per partire in un nuovo inizio senza inutili e pesanti fardelli che, qualche volta, i grandi finali ci lasciano per eredità.

Ogni sera, quando chiudiamo gli occhi, stiamo celebrando la fine di una giornata, di quel fantastico capitolo che abbiamo iniziato al mattino.

È una lettura entusiasmante da portarci dietro?

Cosa è veramente importante

Il tempo si è ristretto
"100 anni fa c'era più tempo!".
Ogni tanto capita di sentire frasi di questo tipo, sia in ambito personale sia in ambito professionale.
Varrebbe la pena di chiedere a chi afferma ciò quanto tempo in più avevano le persone cento anni fa.
Forse le giornate duravano più di ventiquattro ore? Sicuramente no.
E poi bisognerebbe anche verificare chi è veramente in grado di poter fare simili comparazioni.
A parte le battute, la sensazione diffusa è che il tempo a disposizione sia sempre meno.

Cosa è cambiato?
Sicuramente, è vertiginosamente aumentato il ventaglio di opportunità di cose da fare e di interessi da coltivare, rimanendo invece fisso il tempo disponibile.
Per essere obiettivi nella nostra analisi, c'è anche da dire che è considerevolmente aumentata, nella maggioranza dei casi, la velocità con cui le attività possono essere svolte grazie alla tecnologia.
In considerazione di questi due elementi, il risultato perciò dovrebbe cambiare di poco.
E invece non è così.

Il mostro del tempo
Proprio la velocità di esecuzione dei compiti, la possibilità di abbassare drasticamente i tempi degli spostamenti, nonché le comunicazioni sempre più veloci hanno creato una specie di voragine in cui tutti noi siamo stati risucchiati.
Sembra di essere finiti nella bocca vorace di un mostro spietato, il Tempo, che si nutre della nostra ansia, dei nostri affanni, delle nostre corse senza fine, del nostro passare senza posa da un impegno a un altro. E il mostro non si sazia mai. Più mangia, più ha fame. Più facciamo, più ci piombano sulla testa quantità doppie di impegni, di scadenze, di attività, di richieste. E così, a nostra volta, per poter mantenere il ritmo, diventiamo i persecutori di chi si trova all'interno della nostra catena del valore.

E questa spirale non ha fine, o almeno così sembra.

Invece, la fine c'è, e la raggiungiamo quando la velocità ci fa sbalzare fuori dalla giostra, storditi e disorientati, in un mondo che, di colpo, si ferma completamente.

Il valore del tempo

Immaginiamo per un attimo che il tempo sia al nostro servizio, e possa dilatarsi in base ai nostri desideri e alle nostre esigenze.

Quanto vorremmo che durasse la nostra giornata?

36 ore? 50? Di più ancora? Diciamo che scegliamo giornate che durino il doppio: 48 ore. Bene! Finalmente ce la possiamo prendere con calma!

Quanto pensate che durerebbe il nostro stato di completo benessere?

Forse una settimana, o un mese. Poi, lentamente, avendo tempo a disposizione, cominceremmo a prenderci nuovi impegni, ad avere ambizioni e progetti ancora più sfidanti, ad accumulare compiti da sbrigare, fino a quando ci ritroveremmo a desiderare che le nostre giornate durassero 72 ore.

Più un sacco è grande, più noi troviamo oggetti - anche di poco valore - con cui riempirlo. La questione non è dilatare la durata delle nostre giornate, ma è scoprire ciò che per noi ha veramente importanza e significato; quali sono gli obiettivi davvero importanti e cosa vogliamo davvero raggiungere.

Da sempre, tutti i grandi della Terra, le persone che hanno lasciato un segno indelebile nella storia dell'umanità, avevano a disposizione lo stesso tempo che ha ognuno di noi.

> *Da sempre, tutti i grandi della Terra, le persone che hanno lasciato un segno indelebile nella storia dell'umanità, avevano a disposizione lo stesso tempo che ha ognuno di noi.*

Qual è allora la differenza?

Forse la differenza è proprio rappresentata dalla meta verso la quale procediamo, dai nostri valori, dalla nostra missione nella vita. E questo vale per le persone, come per le aziende.

Troppo spesso ci si concentra sulle cose da fare senza chiedersi perché le si sta facendo.

L'albero maestro

La magia dell'albero

L'albero è un elemento della natura che, da sempre, ha avuto significati simbolici profondi collegati alla nostra vita: a chi siamo, alle nostre radici, alle nostre aspirazioni, ai risultati che vogliamo raggiungere e a quelli che siamo stati capaci di ottenere.

L'albero, con tutte le sue parti, racconta la metafora della vita e del suo evolvere, in una continua ricerca dell'equilibrio tra il forte radicamento alla terra e la sua tensione verso il cielo.

Religioni e filosofie antiche si riuniscono attorno al simbolo dell'albero della vita che, in base alle diverse interpretazioni, assume significati diversi, ma sempre potenti.

L'antica danza rituale dei monaci dervisci, prevede che essi roteino su se stessi con il palmo della mano destra rivolto verso il cielo – per prendere nutrimento dall'energia divina – e quello della mano sinistra rivolto verso la terra – dove far ricadere il nutrimento ricevuto, allo stesso modo degli alberi, che vivono grazie al sole, all'acqua e all'aria, e donano la vita al resto degli esseri viventi.

E questa magia si ripete all'infinito.

Noi siamo alberi

Anche noi siamo alberi, con caratteristiche e potenzialità diverse, ma con molti elementi riconducibili a questi preziosi compagni di vita.

Abbiamo radici che ci ricordano da dove veniamo, che testimoniano il nostro passato, che ci fanno sentire parte di una comunità, che ci donano la serenità di non essere soli.

Abbiamo un tronco che accoglie le nostre funzioni vitali e ci permette di far crescere rami, foglie e frutti.

Tutto ciò che emerge dal tronco sono le nostre azioni, le nostre relazioni, i risultati che otteniamo e che possiamo donare a chi raccoglie i nostri frutti. E continuamente ci rinnoviamo, facendo nascere rami nuovi, come nuove sono le persone che incontriamo nel nostro cammino, le idee che elaboriamo, i progetti che creiamo, gli obiettivi che ci poniamo, i grandi sogni e i piccoli desideri.

"Limitarsi a vegetare" è un modo di dire, alquanto sprezzante, per identificare persone che vivono senza dare significato alla vita. Noi siamo alberi e se sapessimo "vegetare" come fanno gli alberi – quelli veri – che costantemente lavorano per garantire la vita, avremmo dato un valore incommensurabile alla nostra esistenza. Troppe volte siamo alberi che distruggono, che fanno avvizzire le foglie e seccare i frutti, che tagliano radici antiche e preziose, che non danno il giusto nutrimento ai rami.

> *L'albero, con tutte le sue parti, racconta la metafora della vita e del suo evolvere, in una continua ricerca dell'equilibrio tra la forte appartenenza alla terra e la sua tensione verso il cielo.*

IL TEMPO PER GLI ALTRI

Comunicazione e relazioni

Il crafting delle relazioni: come e con chi spendi il tuo tempo?

L'**Analisi Transazionale** è un approccio di tipo psicologico per rendere facilmente comprensibile lo studio delle relazioni interpersonali. Esso individua 6 modalità attraverso le quali la persona struttura il proprio tempo relazionale (sul lavoro e nella vita privata):

✓ l'**isolamento**. È il tempo per noi stessi, utile per rilassarci, per recuperare energie ed essere poi nuovamente pronti e desiderosi di rientrare in contatto con gli altri. Durante tutto il tempo in cui siamo in isolamento, l'unico tipo di dialogo che possiamo mettere in atto è con noi stessi. Proprio questa caratteristica richiede che questo ritiro sia limitato nel tempo; un isolamento troppo prolungato, o addirittura estremo, può privare la persona di opportunità sane in cui relazionarsi col mondo esterno, portando, in alcuni casi, alla depressione;

✓ i **rituali**. È il tempo in cui una persona sta insieme alle altre senza però esserne troppo coinvolta. Tra i rituali più comuni ci sono le frasi prevedibili che ci si scambia quando si incontra o si saluta una persona: "Ciao, come stai?" "Bene, grazie, e tu?" "Anch'io bene, grazie". Oppure: "Ci sentiamo presto, mi raccomando!" "Sì, certamente! Buon pomeriggio e buon lavoro". Talvolta i rituali sono imposti dalla cultura di una certa società in cui si vive, altre volte fanno parte di una cultura meno ampia, ma addirittura più forte, come la realtà aziendale in cui si lavora, un club di cui si fa parte, un gruppo di amici. I rituali possono essere il momento "rompi-ghiaccio" per entrare in relazione con una persona sconosciuta (soprattutto nel mondo del lavoro). È chiaro che se il livello di comunicazione rimane quello del rituale, quella relazione, nel lungo periodo, non porta alcun tipo di beneficio di crescita o di arricchimento;

✓ i **passatempi**. La parola ci indica chiaramente quali sono le peculiarità di questa forma di strutturazione del tempo. Si tratta delle comunicazioni e delle relazioni tipiche delle situazioni sociali in cui la conversazione è più intima rispetto ai rituali; è meno prevedibile e comporta un rischio emotivo maggiore di coinvolgimento. In ogni caso, il tono del discorso verte su tematiche superficiali e poco personali, come ad esempio il tempo, i giovani d'oggi, la salute, lo sport, l'economia e via dicendo. Anche i passatempi rappresentano una modalità di relazionarsi che risponde a convenzioni sociali legate alla cultura di appartenenza. Possono essere momenti piacevoli, a patto che poi alcuni di loro trovino una strada evolutiva;

✓ le **attività**. Esse si basano su una serie di step in cui dal "passare il tempo" si arriva a "fare cose insieme". A questo livello, perciò, le persone indirizzano le loro energie per il raggiungimento di uno scopo. Di solito, le attività sono il lavoro o gli hobby. Le attività prevedono un tempo più strutturato e il rischio psicologico è più alto perché gli scambi della comunicazione riguardano anche i punti di vista su ciò che si sta facendo, e i riconoscimenti (positivi o negativi) per il lavoro fatto;

✓ i **giochi**. Questi si concretizzano in una serie di scambi ripetitivi e ambigui, riproposizioni di strategie infantili che non sono più adatte nel qui e ora, messe in atto per ottenere il riconoscimento del proprio sé. Lo scambio interpersonale è di solito negativo (scambio di svalutazioni), eppure le persone giocano (gioco psicologico, non quello ludico) perché è il miglior modo che conoscono (imparato nell'infanzia) per ottenere riconoscimenti - chiamati "carezze" in Analisi Transazionale - intensi (una carezza negativa è meglio di nessuna carezza). Il segnale che si tratta di un gioco è un senso di disagio da parte dei "giocatori" che vivono interazioni ad alto contenuto emotivo ma di natura ripetitiva: litigi frequenti, discussioni inutili, ripicche che avvengono secondo uno schema fisso;

✓ l'**intimità**. È il modo più profondo di strutturare il tempo; si verifica ogni volta che proviamo sentimenti come l'affetto, l'empatia, la vulnerabilità, la tenerezza, il desiderio, e altri simili. L'intimità si crea tra persone che si amano, si stimano e si rispettano: tra partner, genitori e figli, amici, parenti, e così via. Non è mai svalutante e implica, proprio per la sua profondità, un rischio psicologico molto alto.

E tu, come spendi il tuo tempo relazionale? Ne sei pienamente soddisfatto o vorresti che le tue relazioni sul lavoro prendessero una forma, uno spazio e un tempo differenti?

Prendere consapevolezza degli automatismi con i quali siamo abituati a relazionarci con colleghi, capi, collaboratori, fornitori e clienti ti darà la possibilità di decidere di fare scelte diverse.

Attraverso il percorso di Job Crafting potrai analizzare in che misura le relazioni impattano sulle attività lavorative; potrai decidere a quali relazioni dare più spazio, quali relazioni gestire diversamente, chi puoi maggiormente agevolare e chi può agevolare di più il tuo lavoro.

Migliori relazioni possono voler dire, oltre a una vita sociale di maggiore soddisfazione, anche maggiori opportunità per essere efficaci e crescere professionalmente.

> *L'**intimità** è il modo più profondo di strutturare il tempo; si verifica ogni volta che proviamo sentimenti come l'affetto, l'empatia, la vulnerabilità, la tenerezza, il desiderio, e altri simili. L'intimità si crea tra persone che si amano, si stimano e si rispettano.*

Includere è un'attività illusoria

Identità e caratteristiche

Ognuno di noi è il risultato di una complessa alchimia di geni. Nasciamo con specifiche e uniche caratteristiche fisiche e intellettuali.

Alcune di queste sono dati sui quali abbiamo poche possibilità di intervento: il colore della pelle, il colore dei capelli e degli occhi (parrucchieri e lenti a contatto a parte), l'altezza, tanto per fare qualche esempio.

Altre nostre caratteristiche sono il risultato della vita che abbiamo vissuto e che viviamo. Essere nati in Italia o in uno sperduto villaggio dell'Africa centrale può fare la differenza; addirittura, per chi, all'interno della stessa Italia, è nato in una metropoli, le opportunità sono diverse rispetto a chi è nato in un piccolo borgo della provincia.

La cultura, il credo religioso e le convinzioni politiche della famiglia di provenienza possono influire sul bambino che si appresta a percorrere il suo cammino verso l'età adulta. Allo stesso modo, hanno un peso sullo sviluppo della persona anche le condizioni economiche in cui vive, le quali possono determinare la qualità dell'alimentazione, delle cure mediche e della cura del corpo e della mente in termini generali.

Allora potremmo chiederci: "Tutto ciò significa quindi che chi nasce in una zona con meno stimoli intellettuali e meno ricchezza può mettersi il cuore in pace e sapere sin da subito che condurrà una vita grama, nell'ignoranza e nella malattia?".

Assolutamente no!

La storia racconta vite di grandi personaggi con origini molto umili o disagiate.

Queste riflessioni possono invece portarci a un'altra domanda: "Chi sono io per aver bisogno di fare la fatica di includere chi è diverso da me?". Se solo avessimo vissuto esperienze in contesti diversi, oggi potremmo essere esattamente al posto di quella persona che oggi includiamo attraverso un ragionamento intellettuale basato sull'integrazione delle diversità.

Diverso da cosa? Ma da noi, è ovvio! Come se noi incarnassimo il simbolo della perfezione a cui rapportare ogni altro essere umano per stabilire qual è il gap che deve colmare. Detto così, fa rabbrividire, ma di fatto, parlare di inclusione presuppone il principio della diversità. E diversità presuppone il principio di un modello a cui tendere. Non sarebbe meglio, come si usa per i fiori, parlare di "varietà" e non di "diversità"?

Inclusione generazionale

Forse i giovani, per essere accettati e compresi, dovrebbero adeguarsi ai vecchi? O, viceversa, i vecchi dovrebbero dimenticare esperienze e storia vissuta per essere ancora considerati apportatori di valore?

L'età è stata, ed è tutt'ora, un elemento che crea distanze tra le persone. Anche fuori del contesto professionale, si nota una sorta di diffidenza tra le generazioni, un mancato riconoscimento di elementi comuni. C'è una chiusura quasi "elitaria" all'interno di ogni gruppo che tende a rendere molto difficile una relazione autentica con gli altri gruppi.

Questa distanza è deleteria per lo sviluppo della società, per l'arricchimento del singolo e, all'interno dell'azienda, per la creazione e lo sviluppo delle necessarie sinergie.

Le imprese, talvolta, non aiutano il superamento di questo ostacolo, agevolando la creazione di "tribù aziendali" caratterizzate dalla comunanza di specifiche caratteristiche: i "senior", "i junior", "i neo assunti", "i giovani talenti", e così via.

Da chi imparano i giovani se si confrontano soltanto tra loro? Non tutto si può apprendere dai libri o dai corsi di formazione; l'esperienza e la conoscenza dell'operatività o del mercato possono arrivare esclusivamente da chi ha vissuto una storia. Alla stessa maniera, da chi i più anziani possono attingere nuove energie per recuperare motivazione ed entusiasmo? Quanto valore può apportare all'azienda creare sorte di enclave abitate da persone stanche, con pochi obiettivi di crescita e orizzonti che, pian piano, diventano sempre più vicini?

Dal punto di vista dell'integrazione generazionale, un insegnamento ci può arrivare dal mondo dell'arte e dello spettacolo, in cui la condivisione di saperi, competenze ed esperienze tra tutti, senza distinzioni di età, è un fatto non solo diffuso, ma addirittura naturale.

Più le aziende creano occasioni di confronto e di integrazione tra le generazioni, più il clima interno è gradevole e, soprattutto, funzionale alla valorizzazione di tutti i contributi, per raggiungere risultati più soddisfacenti per tutti. In questo modo, è più facile creare cultura diffusa, competenze complementari, ruoli intercambiabili e maggiori leve motivazionali.

Inclusione di genere

Maschi e femmine. Siamo uguali? No. Non sono solo la morfologia e la fisiologia a dirci che c'è differenza; ormai è provato anche a livello neurologico che ci sono alcune caratteristiche nella struttura del cervello che variano in base al genere, come ad esempio lo spessore della membrana che separa i due emisferi cerebrali.

È forse un problema? Assolutamente no. Diversi non significa che qualcuno ha più diritti di un altro, che una "varietà", per diritto di nascita, ha un posto prenotato in prima fila, per godersi meglio lo spettacolo.

Noi siamo come i colori che compongono i raggi di luce. Non c'è un colore che ha più valore di un altro, non per questo possiamo dire che il rosso e il blu siano identici. Essi sono il risultato della velocità di movimento delle onde di luce. Il viola, che viaggia su onde più corte, rallenta più del rosso; ciò porta a straordinarie sfumature cromatiche.

Nella vita, come nel lavoro, la varietà di genere non dovrebbe rappresentare un ostacolo, bensì una ricchezza da sfruttare a vantaggio di tutti.

In azienda, avere la possibilità di osservare e affrontare una questione partendo da punti di vista diversi può garantire maggiore obbiettività e consente di allargare la visuale.

Il confronto fra generi non è una gara per vedere chi ha ragione, chi è il più brillante; è soltanto annettere valore e ampliare quanto più possibile il ventaglio delle opportunità di scelta; aggiungere competenze e attitudini; trovare connessioni nuove e idee non convenzionali. Ciò è possibile attraverso la molteplicità delle intelligenze.

Non ci sono generi da includere, ci sono persone da accompagnare verso l'abitudine di comunicare e condividere pensieri, capacità e attitudini in un'ottica di creazione di valore.

Inclusione culturale

Relativamente alla cultura, il vocabolario offre queste tre definizioni.

Quanto concorre alla formazione dell'individuo sul piano intellettuale e morale, e all'acquisizione della consapevolezza del ruolo che gli compete nella società; il patrimonio delle cognizioni e delle esperienze acquisite tramite lo studio, ai fini di una specifica preparazione in uno o più campi del sapere; in senso antropologico, il complesso delle manifestazioni della vita materiale, sociale e spirituale di un popolo o di un gruppo etnico, in relazione alle varie fasi di un processo evolutivo o ai diversi periodi storici o alle condizioni ambientali.

La cultura, perciò, a differenza dell'età, del genere, dell'etnia, è qualcosa che, pur facendo parte del bagaglio personale di un individuo, arriva dall'esterno attraverso lo studio, lo sviluppo della consapevolezza personale, le abitudini della società in cui vive.

Cosa si intende, perciò, con "includere le culture"? Pare che si faccia riferimento all'accettare che gli altri non hanno vissuto la nostra vita. Fa sorridere? Forse, eppure, in alcune interpretazioni esasperate di cultura, le persone talvolta provano un senso di distanza da altre solo perché queste leggono giornali diversi, o vestono seguendo mode alternative.

Nelle aziende, il divario culturale arriva addirittura a identificare gruppi tra loro ostili perché si occupano di attività differenti: la produzione contro le vendite; il marketing contro gli acquisti; le filiali contro la sede centrale, pur nella consapevolezza che ognuno dei dipendenti oggi può lavorare in un settore e domani in quello opposto.

Per superare il problema delle culture, è necessario superare i vincoli dei paradigmi personali, cioè della mappa del mondo che ogni persona crea nella propria testa come risultato delle proprie esperienze, delle proprie credenze e delle proprie percezioni.

Basta ricordare che la nostra realtà, cioè il mondo in cui viviamo e in cui ci relazioniamo, non rappresenta "la verità", ma piuttosto la nostra personale realtà, che altro non è che la narrazione che ognuno fa a se stesso della propria esistenza.

> *Cosa si intende con "includere le culture"? Pare che si faccia riferimento all'accettare che gli altri non hanno vissuto la nostra vita. Le persone talvolta provano un senso di distanza da altre solo perché queste leggono giornali diversi, o vestono seguendo mode alternative.*

Azienda e relazioni: all inclusive

Stare in azienda e pensare di non costruire relazioni è assolutamente impossibile.
Azienda e relazioni sono un pacchetto unico. Come nei villaggi vacanze - in cui si acquista a forfait il pernottamento, i pasti, gli aperitivi e l'animazione - così in azienda, come corrispettivo dello stipendio, non c'è solo il lavoro che svolgiamo, ma anche la qualità delle relazioni che siamo in grado di instaurare con le persone con cui interagiamo. E questo secondo elemento non è meno importante del primo, perché spesso la qualità del nostro lavoro è fortemente determinata dalla qualità delle nostre relazioni.

Le gerarchie

Per quanto ci si ostini a parlare di un nuovo modo di vedere e vivere il lavoro, di fatto non è cambiato molto, soprattutto nelle aziende che, per dimensioni, sono molto strutturate. E comunque, anche nelle società più giovani ed evolute, talvolta, quando ci si confronta all'interno di pareri e punti di vista diversi tra loro, non è raro che la discussione sia conclusa dall'Amministratore Delegato che sentenzia: "Comunque, si fa come dico io".

Le gerarchie sono ancora i grandi punti di riferimento per quanto riguarda il passaggio delle informazioni, la catena di comando, l'autonomia decisionale e le modalità relazionali.

Non tutte le organizzazioni aziendali sono riuscite a stare al passo con i tanti cambiamenti che, anche per le questioni legate alla recente emergenza sanitaria, hanno rivoluzionato la società al di fuori dell'ambito professionale.

Il lavoro è diventato "smart", ma spesso si tratta soltanto di aver cambiato fisicamente il luogo dove svolgere le attività, senza aver aggiornato temi importanti come la delega, il controllo, la leadership, la valutazione.

C'è quindi, purtroppo, ancora un disallineamento tra le abitudini, i ritmi e le aspettative di un nuovo modo di intendere la vita e ciò che le imprese sono in grado di offrire oggi come soluzioni organizzative.

È chiaro che devono essere fatti molti passi prima di ricostituire un equilibrio soddisfacente ed efficace per tutti.

Questi passi richiederanno di riassegnare un nuovo significato a ruoli e strutture organizzative, oltre alla costruzione di nuove dinamiche capaci di reinterpretare le relazioni gerarchiche e funzionali in modo adeguato e coerente al raggiungimento dei risultati e alla garanzia della qualità della vita che, oggi, le persone si aspettano.

Il team working

Siamo passati da un estremo all'altro. Dalle riunioni fiume, in bilico tra un impegno professionale e un ritrovo conviviale, siamo giunti a riunioni in cui la presenza fisica non è più richiesta e dove gli aspetti di relazione vengono molte volte ignorati.

Può funzionare? Fino a quando va tutto bene, sì. Quando ci sarà bisogno di fare appello a una comprensione, a una collaborazione, a un supporto e a un aiuto che vadano appena più in là di quanto previsto dal tipo di relazione professionale previsto, non sarà semplice risolvere piccoli intoppi organizzativi e burocratici, in quanto non ci sarà il prezioso lubrificante della relazione interpersonale che tante volte permette e ha permesso di snellire iter complicati e rendere possibile ciò che altrimenti, senza relazioni, non sarebbe.

Non dimentichiamoci che le aziende non sono i marchi, gli edifici, la tecnologia, i regolamenti e le procedure; non sono neppure i prodotti, o i clienti, o le attività finanziarie. Le aziende sono le persone che, insieme, rendono possibile la vita di un'**impresa**, parola che, in uno dei suoi vari significati, può anche voler dire "avventura".

Fare team working oggi è più impegnativo, in un periodo storico in cui stiamo correndo il rischio di trovarci a gestire quella che viene definita come "solitudine organizzativa".

Le tribù aziendali

Qualche volta si definiscono anche "clan" e hanno entrambi il significato di un gruppo formato da persone legate da vincoli stretti e profondi, molte volte di tipo parentale e affettivo.

Allora verrebbe da chiedersi: come è possibile che in azienda si formino queste tipologie di agglomerati sociali? In fondo, in azienda non ci sono legami così importanti.

Il senso di appartenenza a un'area professionale è talvolta così forte che porta a un'identificazione potente con il settore di cui si fa e ci si sente parte, creando fratture e allontanamenti nei confronti delle aree o degli uffici diversi. Quante volte ci è capitato di sentire frasi del tipo: "Noi del commerciale procuriamo lo stipendio per tutti"; oppure: "Se non ci fossimo noi dell'IT voi sareste ancora alle prese col pallottoliere"; o ancora: "Quelli dell'amministrazione sanno solo creare problemi burocratici"?

Così iniziano gli schieramenti e diminuisce la possibilità di una vera sinergia tra comparti che, distratti da malsani e inutili sensi di appartenenza, dimenticano che l'obiettivo per cui tutti lavorano in azienda è uno solo.

> *Le aziende non sono i marchi, gli edifici, la tecnologia, i regolamenti e le procedure; non sono neppure i prodotti, o i clienti, o le attività finanziarie. Le aziende sono le persone che, insieme, rendono possibile la vita di un'**impresa**, parola che, in uno dei suoi vari significati, può anche voler dire "avventura".*

Comprendere per gestire

A una prima lettura sembrerebbe uno scenario negativo che presenta pericolose insidie. Non è altro che lo scenario di un periodo di cambiamento; e il cambiamento, come sempre, porta con sé rischi e opportunità.

Dobbiamo avere voglia di osservare con attenzione, di capire, di analizzare non per decidere se ciò che sta succedendo sia giusto o sbagliato, ma piuttosto per valorizzare le opportunità e gestire i rischi; per accompagnare le persone e i team nella nuova interpretazione di un rinnovato sistema organizzativo; per comprendere noi stessi cosa la nuova realtà con cui ci confrontiamo vuole e richiede a un leader.

Comunicare: che passione!

Appassionati di comunicazione, esperti di comunicazione, professionisti della comunicazione. C'è addirittura un corso di laurea "Scienze della comunicazione".
Non c'è ironia in queste parole, e neppure il desiderio di prendersi gioco di chi lavora e studia intorno a questi argomenti.
Anche noi ci occupiamo di comunicazione e usiamo strumenti e metodi per renderla il più efficace possibile.
No, non c'è ironia. C'è solo un po' di perplessità nel constatare che, sempre più spesso, si deve ricorrere a letture, studi, corsi, progetti e percorsi universitari per fare ciò che, naturalmente, dovrebbe essere alla portata di ogni essere umano.
Cosa significa tutto ciò? Le risposte possono essere tante; non basta certamente qualche parola in un libro per sviscerare un argomento così vasto e complesso che ha implicazioni storiche, psicologiche, sociali, tecnologiche e culturali.
Ci limiteremo a condividere qualche riflessione.

Comunicare è un dono

Talvolta, comunicare spaventa; se ne percepisce la potenziale pericolosità; si considera come ineluttabile la condizione del disallineamento costante tra i protagonisti della comunicazione e ci si impegna conseguentemente nell'inutile impresa di comunicare in modo da riuscire a trasmettere l'unico vero messaggio che abbiamo intenzione di condividere col nostro interlocutore.
Purtroppo, già il primo tratto di strada della nostra comunicazione è pieno di insidie; c'è infatti subito uno scostamento tra ciò che vogliamo comunicare e ciò che effettivamente comunichiamo. Inoltre, potremmo porci anche la domanda: abbiamo sempre le idee così chiare su cosa vogliamo comunicare?
Dopo queste premesse, potremmo giungere alla conclusione che comunicare è un'attività pericolosa e inutile, dalla quale tenerci a distanza tutte le volte che possiamo.
Ma comunicare è lo strumento meraviglioso che ci permette di entrare in contatto con gli altri. Ed è da sottolineare che non è "uno strumento", è "l'unico strumento" a nostra disposizione. La comunicazione è ciò che ci rende capaci di condividere la nostra vita col resto del mondo, non solo gli altri esseri umani, qualsiasi essere vivente.

È un dono prezioso che unisce tutte le esistenze e le allinea su una stessa frequenza. Qualche volta l'allineamento è perfetto, altre volte è necessario calibrare e ricalibrare costantemente per riuscire a trovare un terreno condiviso. Anche questa perpetua ricerca è un dono che permette a ognuno di scoprire, andando sempre più nel profondo, anche se stesso.

Comunicare se stessi

Non è un refuso. Si dice spesso "comunicare con tutto se stesso" per esprimere il desiderio di utilizzare al meglio e al massimo tutti i canali di comunicazione di cui si dispone. È un concetto ineccepibile, che esprime la volontà di rendere la comunicazione il più coerente ed efficace possibile.
Cosa significa, invece, "comunicare se stessi"?
Non comunichiamo sempre e soltanto un contenuto. Quando comunichiamo, stiamo svelando anche noi stessi, come persone, come sedi di pensieri e di emozioni.
Quando comunichiamo non stiamo inviando soltanto messaggi, stiamo donando un po' di noi all'altro, stiamo contaminando la vita e l'essenza del nostro interlocutore, e ce ne stiamo facendo contaminare a nostra volta.
Ogni atto comunicativo entra a far parte della nostra esperienza e, in misura più o meno importante, lascia una traccia.
Non possiamo pensare che una comunicazione, anche banale e frettolosa, scivoli su di noi senza alcun significato. Qualche volta basta un sorriso o uno sguardo di rimprovero o di sfida per alterare positivamente o negativamente le nostre frequenze vitali. Ogni volta che comunichiamo abbiamo la responsabilità di far cambiare, anche se in maniera infinitesimale, lo scorrere della vita di colei o colui al quale la nostra comunicazione è rivolta.

L'illusione tecnologica

Si comunica, sempre più, attraverso la tecnologia.
Le linee disturbate, i ritardi nell'arrivo dell'audio, i problemi di connessione, l'immagine non nitida: quante volte capita di gestire una comunicazione in presenza dovendo risolvere uno o più disturbi di questo genere?

Si può veramente comunicare attraverso la tecnologia? Forse si sta parlando di un altro tipo di comunicazione; si sta parlando della gestione di incontri in cui le persone emettono dei messaggi.

Qualcuno potrebbe non essere d'accordo con questa affermazione; potrebbe sostenere che si comunica comunque, anche quando non si possono usare tutti i tre livelli della comunicazione: verbale, non verbale e paraverbale. Certo è che comunicare con qualcuno di cui non si può vedere (come capita spesso) l'espressione del volto, non si può riconoscere alcuna sfumatura della voce a causa di interferenze o cadute di linea, non si può vedere la gestualità e la postura perché l'inquadratura propone solo il primo piano, o addirittura porzioni di viso, è un'attività quanto mai lontana da ciò che può essere definito come comunicazione.

Che fare allora quando non è possibile incontrarsi in presenza? Ben venga la tecnologia! Usiamola e facciamone tesoro. Allo stesso tempo, talvolta si corre il rischio di cadere nella trappola di una sorta di pigrizia (fisica e mentale) in cui alcune aziende oggi organizzano riunioni a distanza anche quando i partecipanti sono fisicamente nello stesso palazzo.

> *Quando comunichiamo non stiamo inviando soltanto messaggi, stiamo donando un po' di noi all'altro, stiamo contaminando la vita e l'essenza del nostro interlocutore, e ce ne stiamo facendo contaminare a nostra volta.*

La tecnologia offre un'illusione - abbastanza forte e persistente - di comunicazione, che va bene quando non si può fare altrimenti. E vale la pena di sottolineare queste parole "quando non si può fare altrimenti".

Riappropriarsi della comunicazione

Dobbiamo riappropriarci della comunicazione, nel suo insieme, con la sua magia, con i suoi pericolosi trabocchetti, col fascino del suo misterioso potere.

Dobbiamo reimparare a fidarci della nostra umana e naturale attitudine a comunicare, rischiando anche di non capirci. Tanto, se cerchiamo soluzioni alternative fatte solo di documentazioni tecniche, di dati statistici, di elaborati calcoli logaritmici, non avremo più paura di fallire la nostra comunicazione, ne avremo la certezza.

Il valore aggiunto della fiducia

"Fidati di me". "Di lui ci si può fidare". "Non so perché, ma di quello non mi fido". Quante volte abbiamo sentito frasi del genere? Oppure le abbiamo pronunciate o pensate noi stessi?
La fiducia è qualcosa di molto semplice e naturale, eppure di estremamente complesso e intangibile.

Fidarsi significa rischiare
In molti casi, ad esempio nel mondo delle banche, da sempre si lavora nell'utopistico e patetico tentativo di concedere un fido (cioè concedere fiducia) quantificando il margine di rischio che, almeno nel desiderio di chi deve prendere le decisioni, dovrebbe essere pari a 0.
Parlare di fiducia a rischio zero è un ossimoro, cioè una contraddizione in termini, in quanto il presupposto indispensabile della fiducia, cioè la qualità che annette significato e senso alla parola stessa, è che vi sia un atto di fede (è da questo termine che deriva la parola fiducia) verso la persona alla quale viene accordata.
La fiducia che non prevede rischio non è fiducia, è constatazione dei fatti.

Fidarsi è naturale, o almeno lo era
Nonostante accordare fiducia faccia così tanta paura, è un'attività alla quale ci siamo abituati nei primi momenti della nostra vita. Noi nasciamo assolutamente incapaci di sopravvivere da soli; dalle prime ore di vita abbiamo bisogno di affidarci a qualcun altro che si adopera per farci mangiare, per coprirci, per proteggerci. Da soli, moriremmo nel giro di poche ore. La nostra vita si basa sulla fiducia.
La fiducia che, in modo così naturale, accompagna la nostra esistenza procedendo nelle nostre esperienze e nella nostra storia, diventa sempre più un elemento accessorio al quale ricorriamo quando proprio non possiamo o non riusciamo a farne a meno. Addirittura, spesso, il fatto di dare fiducia agli altri viene interpretato come sintomo di stoltezza e dabbenaggine.
Se queste considerazioni valgono nella vita quotidiana, acquistano ancora più forza nel mondo del lavoro.

"Non fidarti di nessuno" sembra essere il primo comandamento di un decalogo mai scritto a favore di chiunque voglia avere una posizione di prestigio all'interno di un'impresa.

Così, come è considerato sciocco e pericoloso fidarsi di qualcuno, alla stessa maniera, per molti individui è abbastanza inquietante rendersi conto che qualcuno si fida ciecamente di loro. Sì, perché la fiducia crea responsabilità, chiama a raccolta principi e valori; obbliga a guardarsi allo specchio e a fare i conti con se stessi. Perché un conto è tradire chi di noi non si fida; tutt'altra storia è vivere in pace con la coscienza quando sappiamo di aver accoltellato chi ci ha fornito il coltello e poi, tranquillo, ci ha voltato le spalle.

Fiducia e senso di responsabilità

Fiducia, perciò, è sinonimo anche di crescita nel nostro senso di responsabilità e nella disponibilità a entrare veramente in relazione con gli altri.

Come può esistere un capo che non gode della fiducia dei suoi collaboratori? Come fare per ottenere la fiducia della nostra squadra? Da dove cominciare?

> *Parlare di fiducia a rischio zero è una contraddizione in termini, in quanto il presupposto indispensabile della fiducia è che vi sia un atto di fede (è da questo termine che deriva la parola fiducia) verso la persona alla quale viene accordata.*

Come succede in tutte le dinamiche relazionali, anche per quanto riguarda il rapporto di fiducia, possiamo essere noi i promotori di un circolo virtuoso, cominciando a concedere un po' più di fiducia rispetto a quella che ci è stato insegnato essere la quantità massima accordabile.

Non possiamo decidere in autonomia che le persone si fidino di noi; possiamo soltanto decidere di fidarci noi per primi di chi ci sta intorno.

Quando si inizia a dare fiducia, si hanno delle sorprese positive da persone da cui ci si aspetterebbe un comportamento molto diverso. Tuttavia, la fiducia non è solo un moto dell'animo; ha delle componenti specifiche che, se sviluppate e allenate, possono aiutarci a diventare persone ad alto potenziale di fiducia.

Nello specifico, stiamo parlando di queste quattro qualità:
- integrità
- intento
- capacità
- risultati

Integrità. È la coerenza tra ciò che diciamo e ciò che facciamo. E ciò che facciamo è molto più importante di ciò che diciamo. Una persona che fa quello che dice non ha bisogno di firmare contratti; se ha detto una cosa, la fa. Una persona che non ha intenzione di fare quello che dice può firmare quintali di carta; troverà sicuramente una clausola, un vincolo, una postilla che metteranno in discussione quelle firme e gli obblighi che ne derivano. Se un capo non è sostenuto dalla propria integrità, può fare a meno di allenare le sue doti di comunicazione o di negoziazione; può risparmiare il tempo dedicato ai corsi di leadership. Nessuno si fiderà mai di lui. Forse i collaboratori gli ubbidiranno, per rispetto verso la gerarchia o per paura, forse porteranno anche dei risultati, ma non si fideranno mai di lui. Quel capo può pensare: "In fondo, che importanza ha che i miei collaboratori si fidino di me? L'importante è che facciano ciò che viene detto loro di fare e che portino a casa i risultati". Il fatto è che le persone che non si fidano del loro capo, sono persone di cui è meglio che quel capo non si fidi. Sono persone che non lo stimano e non lo amano; persone che, se capiterà l'occasione, gli restituiranno ciò che egli ha dato loro: disprezzo, sospetto e relazioni utilitaristiche.
E queste relazioni non sono quelle che portano alla creazione di valore.

Intento. È lo scopo delle nostre scelte e delle nostre azioni. Operare per il bene nostro e altrui è un passo importante verso la fiducia. Nella vita si sbaglia, e quando si sbaglia può capitare di portare danno a qualcuno. Ma se gli altri possono trovare nelle azioni (anche se sbagliate) un intento positivo, la fiducia non viene minata. Almeno non immediatamente. È chiaro che l'intento da solo non è sufficiente. È necessaria la…

…Capacità. È l'insieme delle conoscenze, delle competenze, delle esperienze, del talento, della volontà, dell'impegno, della cura e dell'attenzione. Il solo intento senza la capacità è destinato a far naufragare la fiducia. Tuttavia, la capacità senza etica può diventare un'arma letale.

Risultati. Specialmente in ambito professionale, i risultati parlano della nostra storia e di cosa siamo stati capaci di fare fino ad oggi. È sicuramente un buon ingrediente per la fiducia, ma non è indispensabile. Affinché una storia possa arrivare a un punto interessante e appassionante, deve poter iniziare. E per poter iniziare, qualcuno deve dare fiducia accontentandosi di ciò che vede in quel momento, con una mancanza di risultati pregressi. In caso contrario, il mondo sarà destinato alla sua autodistruzione, affidato totalmente a mani vecchie e stanche, anche se con una storia di grande prestigio.

Variazioni e colorature

La variazione è la riproposizione di un'idea musicale in cui questa subisce modifiche, più o meno profonde, rispetto alla sua forma originaria. Le modifiche possono riguardare qualunque aspetto dell'idea di partenza, come l'armonia, la melodia, l'articolazione del contrappunto, il ritmo, il timbro strumentale, la dinamica e perfino l'organizzazione formale.

La coloratura è un passo virtuosistico di una melodia vocale. Nella storia della musica, si hanno esempi di colorature scritte dai compositori e di altre invece improvvisate dai cantanti. Di solito, si tratta di vocalizzi su singole sillabe, una successione anche molto lunga di note quasi sempre da eseguirsi con notevole velocità.

La coloratura è molto diffusa nel *belcanto italiano*, tanto da dare il nome ad alcuni "tipi" di voce. Si parla per esempio di soprano di coloratura per definire quella voce di soprano che è in grado di eseguire correttamente una grande quantità di questi passi virtuosistici.

Perché parlare di elementi tipici della musica per parlare di persone?

Forse perché la musica è il risultato dell'ingegno, dell'ispirazione e della creatività umana. Lì, senza porsi alcun tipo di problema, si cercano e si valorizzano le sfumature, le differenze, gli impercettibili cambiamenti capaci di creare atmosfere e suscitare emozioni sempre nuove.

Invece, quando si tratta di valorizzare le diversità tra le persone, nascono difficoltà di ogni genere.

Cosa blocca, quando si parla di persone, la nostra naturale capacità di apprezzare la varietà? Vediamo insieme alcune delle tante cause.

Cultura di provenienza
Capita che le culture in cui ci si forma – sia nell'ambito famigliare e scolastico, sia in ambito professionale – trasferiscano valori, preconcetti e idee in cui predomina il senso del "clan", della "tribù".
In queste situazioni, si tende ad allontanare tutti coloro che, per qualche caratteristica fisica, sociale o anagrafica, sono diversi dal gruppo originario.
Le tribù e i clan sono nati a scopo di difesa; ora, nella maggior parte dei casi, tali agglomerati sociali non hanno altro scopo che riunire persone in base a caratteristiche, vincoli e modelli che hanno perso ogni tipo di significato legato alla difesa o alla protezione.

Interessi economici e politici
Non stiamo parlando delle economie e della politica delle nazioni, bensì dei ritorni economici dei singoli, delle strategie interne di un team o di un'azienda.
Quando alla base di una scelta strategica, ancorché a livello addirittura famigliare, c'è il principio della scarsità e non dell'abbondanza, si vive costantemente nel timore che chi entra a far parte di un gruppo, anziché apportare valore, sottragga risorse. Ecco che, per decidere chi è dentro e chi è fuori dal gruppo, si utilizzano parametri che diventano barriere alla condivisione e al confronto, non solo di risorse materiali, ma anche di idee e di contributi creativi.

Ricerca del rispecchiamento
Ognuno di noi ha percezione di sé attraverso ciò che vede riflesso di sé negli altri. Più gli altri sono simili a noi, più ci sembra di essere adeguati e "giusti". Quando ci interfacciamo con persone che hanno caratteristiche diverse dalle nostre, dobbiamo inevitabilmente fare raffronti, porci domande, mettere in discussione noi stessi.
La strada più semplice è pensare che chi è diverso da noi sia sbagliato e, perciò, non adeguato a relazionarsi con noi.

C'è strada da fare
Cambiare paradigmi, prendere le distanze da culture passate poco funzionali al lavoro in team e al raggiungimento dei nostri obiettivi, affrontare e percepire le relazioni

interpersonali attraverso nuovi valori sono atteggiamenti mentali e modalità comportamentali che si possono adottare, necessitano di impegno, di volontà di intraprendere strade poco battute e di costanza nell'adottare nuovi comportamenti.

> *Quando alla base di una scelta strategica c'è il principio della scarsità e non dell'abbondanza, si vive costantemente nel timore che chi entra a far parte di un gruppo, anziché apportare valore, sottragga risorse.*

Il team funziona ancora?

Mucchio, branco, gruppo e squadra
"C'era un mucchio di gente alla fiera!"
"Erano tutti eccitati dal livello agonistico della partita. Sembravano un branco di lupi famelici."
"Siamo andati in gita col nostro solito gruppo di amici. Il tempo non ci ha aiutati, ma ci siamo ugualmente divertiti un mondo, anche se abbiamo dovuto interrompere l'escursione."
"La squadra è coesa, gli obiettivi sono chiari, l'organizzazione funziona: riusciremo sicuramente a raggiungere il nostro traguardo."
Quattro parole per quattro significati. Sui primi due c'è poco da dire: il mucchio rappresenta un insieme indistinto di persone o cose aggregate casualmente, senza che intercorra alcun tipo di rapporto tra di esse e senza che vi siano obiettivi condivisi; il branco è un termine che si riferisce più agli animali che alle persone, ma, in alcuni casi, quando una folla (più o meno folta) è guidata da particolari stati emotivi (rabbia, eccitazione, etc.) può adottare i comportamenti tipici del branco ed esprimere alti livelli di violenza, verbale o fisica, altrimenti assenti nelle singole persone.
La differenza tra gruppo e squadra è invece più sottile e raffinata; ciò induce talvolta a fare confusione tra le due entità.
Il gruppo trova la sua ragione d'essere nel piacere di stare insieme, senza che vi sia un obiettivo specifico; e quand'anche esso fosse presente, il suo raggiungimento passa in second'ordine rispetto alla solidità e alla sopravvivenza del gruppo. Se un gruppo sta facendo un'escursione e uno dei suoi componenti si ferisce, il gruppo si ferma, cambia obiettivi e pianificazioni nel rispetto del nuovo contesto. Il gruppo non prevede selezioni, né ha un numero chiuso; non sono previste valutazioni, né sul rendimento delle persone né sui risultati raggiunti. Uno dei pochissimi motivi che portano all'estromissione di una persona dal gruppo è proprio il mancato rispetto dei suoi presupposti. Chi è in un gruppo e pensa di essere in una squadra, di solito si autoesclude dal gruppo stesso, o ne viene lentamente allontanato.

La squadra vive basandosi su principi quasi opposti a quelli del gruppo. Il suo motivo di vita e sopravvivenza è il raggiungimento dei risultati. Se questi non arrivano, la squadra si scioglie, o viene cambiata.

Alcune volte la squadra vive per il raggiungimento di un solo e unico obiettivo, raggiunto il quale, essa cessa di esistere; immaginiamo per esempio un team impegnato nella soluzione di uno specifico problema, o una compagnia teatrale impegnata nella rappresentazione di uno specifico spettacolo.

L'accesso a una squadra dipende da un protocollo di selezione e, se e quando un componente risulta non essere più idoneo (temporaneamente o definitivamente) al ruolo ricoperto, la squadra non si ferma, semplicemente viene sostituito il componente.

La squadra agisce sulla base di regole e di un'organizzazione specifica attraverso cui si ricerca la massima efficacia ed efficienza.

Queste sono le differenze più significative tra gruppo e squadra; ce ne sono altre, ma bastano queste per convincerci che queste due entità sociali sono ben diverse tra loro.

Ciò non significa che in una squadra non si debba andare d'accordo, o non possa esistere un buon clima. Il fatto è che questi elementi, per il gruppo rappresentano il fine, e per la squadra rappresentano il mezzo.

Team – generazione z

Il team, come tutte le strutture sociali, è un'entità che vive di vita propria. Non può essere considerato solo come l'aggregazione e la somma aritmetica delle persone che lo compongono. Perciò, come ogni essere che vive, la squadra nasce, si sviluppa, muore, e subisce anche un'evoluzione legata al procedere della storia dell'umanità.

Le squadre di oggi sono diverse da quelle di cento o cinquanta anni fa. Esse sono diverse anche dalle squadre di soli tre anni fa. L'accelerazione impressa dalle recenti scelte organizzative e operative causate dall'emergenza sanitaria in cui tutto il mondo si è trovato coinvolto ha cambiato pesantemente le dinamiche all'interno di molte squadre. Ma non solo. Anche i componenti stessi delle squadre sono cambiati. L'avvento dei social media, le modalità di comunicazione supportate dalla tecnologia, le interazioni a distanza che hanno gradualmente soppiantato quelle in presenza hanno diminuito l'abitudine e l'attitudine delle nuove generazioni al confronto diretto che, almeno fino a qualche anno fa, era l'unica modalità di scambio e confronto all'interno della squadra.

Il mondo del lavoro è fortemente cambiato e non offre sempre le condizioni utili a creare un vero e profondo senso di appartenenza alla squadra (contratti a tempo determinato, mancanza di contributi per creare i presupposti del futuro pensionamento, stipendi inadeguati, condizioni di lavoro molto "difficili", etc.).

Ora, i capi stessi, talvolta, denunciano una certa difficoltà a esprimere la loro leadership in un contesto sociale profondamente cambiato.

La domanda, quindi, diventa: i team funzionano ancora? E, di conseguenza: gestire un team oggi richiede le stesse competenze di ieri?

Leader stabili in un mondo instabile

Essere leader oggi, quindi, è più difficile rispetto a un po' di anni fa? Forse. O forse si tratta soltanto di rendersi consapevoli che è cambiato il modo di essere leader perché è cambiato il contesto e sono cambiate le persone.

Se è stata cambiata la serratura di una porta, non si può pensare di aprirla usando la chiave vecchia. La chiave ha perso valore? La serratura è diventata più difficile da aprire? No. È però necessario cambiare la chiave.

Pensare di agire un ruolo di capo facendo riferimento a competenze, metodi e strumenti che erano efficaci quando il mondo era diverso, ci espone al rischio del fallimento del ruolo. È necessario aggiornare le competenze, acquisire nuovi strumenti e metodologie per capire la nostra squadra, per entrare in relazione con essa, per offrire leve motivazionali più adeguate alle aspettative delle persone, alle loro modalità relazionali e comportamentali, ai loro valori di riferimento.

Essere leader oggi è forse più impegnativo, quindi. Il mondo è continuamente reinventato e guidato da regole che sono in un divenire senza quiete; tuttavia, la ricerca psicologica e sociologica, le nuove discipline, l'allargamento degli orizzonti e la tecnologia avanzata offrono ai capi la possibilità di un approccio alla leadership più scientifico e più efficace.

Ad esempio, il **Management Drives** è uno strumento che permette alle singole persone di capire quali sono i personali drive motivazionali e quali sono quelli degli altri, per trovare terreni comuni su cui costruire relazioni e collaborazioni efficaci e stabili, nel rispetto del proprio modo di essere e del modo di essere dell'altro. Questo strumento permette inoltre di delineare il profilo della squadra nel suo insieme, per comprenderne attitudini e dinamiche, per capire come meglio interagire con essa, garantendo un clima positivo e una maggiore efficacia.

> *Ora, i capi stessi, talvolta, denunciano una certa difficoltà a esprimere la loro leadership in un contesto sociale profondamente cambiato.*
> *La domanda, quindi, diventa: i team funzionano ancora? E, di conseguenza: gestire un team oggi richiede le stesse competenze di ieri?*

IL TEMPO DEL LAVORO

Spunti e pensieri sul mondo con cui ci confrontiamo all'interno della nostra professione.

C'era una volta la mappa delle competenze ...

Una decina di anni fa, durante l'avvio di un master, un direttore HR sosteneva che era finita l'epoca in cui le aziende potevano permettersi di impegnare interi mesi di lavoro per sviluppare una vision, declinarla in obiettivi, tradurre gli obiettivi in competenze, e poi mappare le competenze dei propri dipendenti per capire quali fossero i gap da colmare. Secondo lui, aziende che avessero continuato a seguire un approccio simile in un mondo in continua accelerazione sarebbero state destinate a fallire.

La lungimiranza di queste parole è stupefacente.

In quel periodo si dedicava molto tempo a mappare i *potential* delle aziende sulla mappa delle competenze, tanto da non avere tempo di fare altro.

Quanti dei cosiddetti "potential" di allora, avviati a un percorso di autosviluppo così preciso ma anche così rigido, si trovano ancora in quella stessa azienda? Quante di quelle mappe delle competenze sono ancora utili?

La "Skill Economy" e le competenze del futuro

Da allora, molto si è parlato delle "competenze del futuro", cioè le competenze che serviranno alle organizzazioni per sopravvivere, per crescere e rimanere al passo con un mondo che cambia a ritmo incessante. Quali sono le competenze che faranno la differenza nel futuro? La domanda non è nuova, né originale. E come se non bastasse, non lo sono nemmeno le risposte: dal digitale, all'empatia, alla flessibilità, alle competenze di teamwork, al fatto di avere una visione d'insieme chiara, per citare alcuni esempi.

Sembra che ognuno abbia la propria ricetta per il futuro e, per essere precisi, molti dei concetti proposti non sono nemmeno competenze in senso stretto ma attitudini, o aspetti di caratteristiche dell'individuo.

Come possiamo essere sicuri che le competenze che oggi rappresentano il futuro, domani non saranno già obsolete? La risposta è facile: non possiamo.

Le "competenze del futuro". Un problema posto male

Rincorrere le "competenze del futuro" è, almeno in parte, un problema posto male. Quali sono il valore e l'affidabilità di competenze che oggi acclamiamo come "future" e che probabilmente domani potrebbero essere superate dagli eventi? Per decenni, i sistemi di performance management si sono basati sullo sviluppo delle competenze. Per farlo, definivano una griglia di competenze, regolarmente aggiornata e modificata. La rigidità e l'arbitrarietà insite in questo tipo di approccio sono evidenti, lo rendono lento e di facile obsolescenza. Di fatto, un tale sistema di *competence management*, nato per garantire il raggiungimento degli obiettivi e lo sviluppo delle persone, spesso diventa una camicia di forza che limita fino a opprimere l'espressione e lo sviluppo del potenziale organizzativo.

Un cambio di paradigma

Il discorso sulle competenze non è mai fine a se stesso, il suo fine ultimo è assicurare l'esistenza, lo sviluppo e il successo dell'organizzazione oggi e domani. Definito questo obiettivo, serve un cambio di paradigma. Non si tratta di smettere di investire nello sviluppo delle competenze, ma piuttosto di non concentrarsi in maniera esclusiva sulle competenze, bensì sui processi alla base dell'agire delle persone. Ciò permette a ognuno di agire intenzionalmente su di sé e sul proprio ambiente in funzione di un obiettivo. Stiamo parlando delle capacità agentiche.

> *Quali sono il valore e l'affidabilità di competenze che oggi acclamiamo come "future" e che probabilmente domani potrebbero essere superate dagli eventi?*

Le capacità agentiche

Le capacità agentiche *«rappresentano i processi di base da cui dipende la possibilità umana di agire intenzionalmente su se stessi e sul proprio ambiente: in questo senso, quindi, esse consentono di sviluppare e porre in atto le proprie potenzialità realizzative.»* (Cenciotti & Borgogni, 2018). Vengono individuate quattro capacità agentiche: capacità di **anticipazione**, di **autoriflessione**, di **autoregolamento** e di **apprendimento vicario**.

Queste capacità sono alla base dei processi cognitivi ed emotivi della persona, in altre parole, alla base del "cosa" e del "come". Dipende in buona parte dalle capacità agentiche della persona quali e quante competenze essa riesce a integrare nel proprio modo di essere, quali sono i comportamenti adottati, e come questi vengono messi in atto. L'espressione attiva del potenziale dell'individuo dipende dalle sue capacità agentiche.

Perché, quindi, investire sulle capacità agentiche?

Viviamo in una realtà liquida e in continuo divenire. Gestire potenziali e talenti con un approccio metodico-strutturale, nato come supporto di un'organizzazione di tipo taylorista, è inadeguato. Le aziende nate trenta o cinquanta anni fa sono cambiate radicalmente. Se vogliamo mettere le organizzazioni nelle condizioni di crescere e continuare a svilupparsi, dobbiamo adottare metodi e strumenti funzionali ad affrontare contesti sempre più fluidi e flessibili.

Domande e non risposte

Lev Tolstoy ha scritto: *"Possiamo vivere nel mondo una vita meravigliosa se sappiamo lavorare e amare, lavorare per coloro che amiamo e amare ciò per cui lavoriamo"*.
Questa citazione si presta a molte considerazioni, alcune delle quali hanno strettamente a che fare col mondo del lavoro, e altre con la nostra vita in senso lato.
Possiamo iniziare ponendoci qualche domanda: cosa significa lavorare per chi amiamo? Qual è la differenza tra amare il nostro lavoro e amare ciò per cui lavoriamo? E cosa può voler dire avere una vita meravigliosa?
Non abbiamo l'ambizione e l'arroganza di voler dare risposte definitive; il nostro obiettivo è stimolare qualche riflessione e offrire un punto di vista.

Lavorare per chi amiamo

Cucinare per la nostra famiglia, aiutare i nostri figli nei compiti di scuola, fare piccoli lavori di manutenzione in casa. Questo forse viene in mente quando pensiamo a lavorare per chi amiamo.
Ma quando spostiamo l'attenzione sulla nostra professione, potremo avere qualche perplessità. Dobbiamo amare i nostri colleghi, i nostri collaboratori, i nostri capi, i nostri clienti? In un certo senso, la risposta potrebbe essere sì.
È chiaro che si sta parlando di un diverso tipo di amore rispetto a quello che proviamo per i nostri cari, tuttavia, quando siamo spinti dalla voglia di migliorare la vita dei nostri clienti, o di risolvere un loro problema, oppure quando ci impegniamo per far crescere il nostro team o per far superare un momento di crisi all'intera azienda, stiamo facendo un atto d'amore. Non facciamo quello che facciamo solo perché percepiamo uno stipendio; alla base c'è e ci deve essere la nostra vera missione, e questa non può prescindere dall'amore, inteso come passione, voglia di dare il nostro contributo al mondo, determinazione a essere importanti – se non determinanti – per la crescita dei nostri collaboratori.
Questo, forse, può voler dire "lavorare per chi amiamo": dare un significato profondo al nostro impegno, alla nostra tenacia, alla nostra fatica (sì, perché alla sera, dopo una giornata di intenso lavoro, siamo stanchi), alla nostra inesauribile energia, ai successi e

alle sconfitte che, ogni giorno, mettiamo a disposizione e dedichiamo a tutti coloro sui quali il frutto del nostro lavoro si riversa.

Amare il nostro lavoro o amare ciò per cui lavoriamo?

Non tutti i lavori sembrano facili da amare. Alcuni sono, almeno all'apparenza, più "comodi" e gratificanti di altri.

A pensarci bene, ogni lavoro è la tessera di un immenso puzzle che permette a ognuno di noi di vivere la vita con la qualità, le opportunità e la sicurezza cui siamo abituati.

Basterebbe soffermarsi un po' più spesso a fare questa considerazione, per innamorarci del nostro lavoro ed esserne orgogliosi e fieri.

E quando siamo consapevoli di questa verità, ci possiamo accorgere che non possiamo che amare il nostro lavoro e amare di conseguenza il motivo per cui lavoriamo.

Durante la scrittura di questo libro, sulla scrivania c'è il risultato di chissà quante e quali attività, competenze, attitudini, impegno, dedizione, creatività e abilità di altrettante persone, ognuna di loro con ruoli, responsabilità, posizioni gerarchiche e organizzative diverse. Sicuramente, nessuno di loro sa che, in questo momento, un piccolo pezzo delle loro mani, del loro cervello e del loro cuore è su questa scrivania per permettere a chi sta scrivendo di far arrivare a sua volta un piccolo pezzo di sé in questo libro.

Qual è la definizione di "vita meravigliosa"?

Ma esiste veramente una definizione? La risposta è addirittura scontata: certo che no!
Tu puoi creare la tua vita meravigliosa, indipendentemente da ogni elemento della vita. Non c'è stato di salute, ricchezza, successo, opportunità, fama e potere che possa garantire una vita meravigliosa; come del resto, non c'è situazione grave o addirittura

drammatica che possa vietarti di vivere una vita meravigliosa, perché ciò che è meraviglioso, a prescindere da tutto il resto, è la vita.

> *A pensarci bene, ogni lavoro è la tessera di un immenso puzzle che permette a ognuno di noi di vivere la vita con la qualità, le opportunità e la sicurezza cui siamo abituati.*

L'agenda non è un Tetris

Quando le righe non bastano

Hai mai giocato a Tetris? È quel passatempo che ci sfida a incastrare alla perfezione i mattoncini colorati che scendono dall'alto, con lo scopo di riempire le righe e vuotare il campo di gioco.

Può essere divertente, all'inizio; poi, la velocità di discesa dei mattoncini aumenta sempre più fino a spingerci in una gara forsennata contro queste figure colorate che si ammassano disordinatamente senza lasciarci il tempo di sistemarle a dovere. E, a un certo punto... Game Over!

Qualche volta, le nostre agende subiscono lo stesso destino; gli impegni si affastellano disordinatamente tra le righe riempiendo tutti gli spazi possibili e decretando impietosamente il fallimento della nostra giornata.

Usare bene l'agenda è la rappresentazione grafica del gestire bene l'organizzazione dei nostri impegni. Una giornata in cui non abbiamo neppure il tempo di respirare tra un appuntamento e l'altro, è sicuramente il primo passo verso lo stress, la frustrazione e il senso di inadeguatezza.

Il ruolo e l'agenda

Quanti ruoli agiamo nella nostra vita? Innumerevoli. Alcuni di essi riguardano la nostra professione, altri la nostra vita personale e sociale, o la nostra vita affettiva.

Quante persone si occupano di così tanti ruoli? Una! Siamo sempre noi a vestire, in base alle situazioni, i panni del manager, del fornitore, del cliente, del genitore, del figlio, del consorte, del socio di un particolare club, dello sportivo, e così via.

Ciò significa che la nostra giornata deve poter accogliere gli impegni che derivano da tutti questi ruoli, perciò, la nostra agenda sarà una; non ha senso, come talvolta capita di vedere, segnare gli impegni in agende diverse in base a quale sfera della nostra vita viene interessata. Il rischio è di trovarsi a colloquio con l'insegnante della figlia, mentre ci sta aspettando il dentista nel suo studio, e un nostro collaboratore è in attesa, nel nostro ufficio, per un colloquio che aveva richiesto con noi.

Tutte le attività, tutti gli appuntamenti e tutti gli impegni devono trovare posto tra le righe di una sola agenda.

Metà pagina può bastare

Quando le nostre giornate sono piene zeppe di cose da fare, la soluzione non è scrivere piccolo, o scegliere agende sempre più grandi.

Le ore a disposizione sono sempre le stesse; riempire a dismisura il nostro tempo è pericoloso per la nostra efficacia, per la nostra efficienza, per la qualità della nostra vita e, soprattutto, per il nostro benessere, sia esso fisico o psicologico.

Metà pagina della nostra agenda può e deve bastare. "Bella frase!", puoi pensare mentre leggi queste righe. "Posso anche scrivere meno, ma le cose da fare rimangono sempre le stesse!"

Significa allora che bisogna trovare una soluzione organizzativa che ci permetta di ottemperare ai nostri impegni. Qualche idea in proposito: delegare, imparare a dire qualche no, curare riposo e alimentazione per essere più carichi di energia e più focalizzati (se stiamo guidando e abbiamo fretta, non rinunciamo a fare benzina per risparmiare tempo), eliminare qualche impegno non strettamente necessario.

I sassi grossi

Partiamo da una storiella che, forse, già conosci.

Un professore, in piedi davanti alla sua classe, prese un grosso vaso vuoto e cominciò a riempirlo con dei sassi.

Una volta fatto, chiese agli studenti se il contenitore fosse pieno ed essi risposero di sì.

Allora, tirò fuori una scatola piena di ghiaia, la versò dentro il vaso e lo scosse delicatamente. Ovviamente, la ghiaia si infilò negli spazi vuoti lasciati tra i vari sassi.

Ancora una volta il professore chiese agli studenti se il vaso fosse pieno ed essi, ancora una volta, concordarono.

Allora egli tirò fuori una scatola piena di sabbia e la versò dentro il vaso. Anche in questo caso, la sabbia riempì ogni altro spazio vuoto e coprì tutto, riuscendo a trovare posto.

Il professore chiese nuovamente agli studenti se il vaso fosse pieno e questa volta essi risposero di sì, senza dubbio alcuno.

Allora il professore tirò fuori, da sotto la scrivania, due lattine di birra e le versò completamente dentro il vaso, inzuppando la sabbia. Gli studenti risero.

"Ora," disse il professore non appena svanirono le risate, "voglio che voi capiate che questo vaso rappresenta la vostra vita. I sassi grossi sono le cose importanti, quelle che danno significato alla vostra esistenza, personale e professionale: gli impegni che non possono essere rimandati, gli appuntamenti non procrastinabili, i progetti strategici, gli affetti, le vostre grandi passioni, la vostra salute. La ghiaia rappresenta le attività meno importanti, quelle che sono ugualmente utili, ma non determinano il successo e la soddisfazione nella vostra vita. Poi c'è la sabbia, che può essere ricondotta a tutte le altre piccole incombenze della giornata; si insinua nei piccoli interstizi e colma il vaso. Come vedete, c'è stato tutto, l'importante è iniziare dai sassi grossi, perché, se mettete prima la ghiaia e la sabbia, per i sassi grossi non c'è più posto. Peccato che erano le cose importanti da fare…"

Gli studenti ascoltarono la spiegazione con grande interesse, annuendo per aver compreso il significato profondo dell'esperienza che il professore aveva proposto.

"È importante aver ben chiaro quali sono le cose veramente importanti e iniziare da quelle." Continuò il docente. "Organizzate il vostro tempo scegliendo con cura le priorità."

Una studentessa, allora, alzò la mano e chiese al professore cosa rappresentasse la birra. Il professore sorrise.

"Sono contento che me l'abbia chiesto. Era giusto per dimostrarvi che non importa quanto piena possa essere la vostra vita, perché c'è sempre spazio per un paio di birre!"

Questo divertente racconto ci ricorda che in agenda dobbiamo prima di tutto inserire gli impegni importanti, quelli che non possiamo dimenticare, o annullare, e neppure delegare. Dopo viene il resto.

Usare l'agenda con metodo e rigore, ci aiuterà a essere più efficienti, a essere più sereni nell'affrontare i nostri impegni e a vivere con maggiore soddisfazione la nostra vita.

La programmazione settimanale

Una volta alla settimana, può essere la domenica sera o il lunedì mattina, dedica mezz'ora a fare il bilancio dell'agenda della settimana appena terminata. Hai fatto tutto? Qualcosa deve essere riportato alla nuova settimana? Se è così, riposiziona gli impegni persi, così che non li dimentichi; individua quindi quali saranno "i sassi grossi" della settimana entrante, segnali in agenda usando una evidenziazione di qualche tipo (può essere un grassetto, una sottolineatura, un codice cromatico), valuta il peso - in termini

di tempo, di impegno, di energia fisica e mentale - di questi sassi e predisponi in agenda non solo il tempo dell'impegno, ma anche quello per la preparazione.
Definisci anche buona parte della ghiaia, almeno quella più significativa, e decidi come gestirla. Puoi delegare qualcosa? Puoi convertirla in un'attività più veloce?
Segna gli impegni in agenda in modo che si distinguano chiaramente rispetto ai sassi.
Controlla ora l'agenda e verifica che non ci sia l'effetto Tetris; se così fosse, analizza la situazione e impegnati per trovare una soluzione organizzativa. È inutile ripetersi: "Non ci sono soluzioni: devo fare tutto!"; noi non possiamo dilatare il tempo: quando il vaso è pieno, non abbiamo più spazio, quindi è necessario trovare soluzioni alternative.
Sabbia e birra non devono essere presenti in agenda. Se ci rendiamo conto che la sabbia deve entrare assolutamente nella pianificazione dell'agenda, vuol dire che non è sabbia; bisogna riconsiderare le priorità.

> *È importante aver ben chiaro quali sono le cose veramente importanti e iniziare da quelle. Organizza il tuo tempo scegliendo con cura le priorità.*

Alla scoperta del Job Crafting

Job Crafting. Letteralmente: "Creare il lavoro".
Non significa certo "creare posti di lavoro"; quello è un altro argomento. Col Job Crafting l'intento è dare la possibilità a ognuno di cucire su misura la professione che già svolge. E non è importante di quale tipo di lavoro si stia parlando, del prestigio del ruolo, del potere della posizione in organigramma.
Si tratta di interpretare o reinterpretare il proprio lavoro, di apportare personalizzazioni per renderlo più adatto alle proprie caratteristiche, ai propri interessi, alle proprie attitudini. Si tratta di implementare, talvolta creativamente, con compiti accessori, la propria attività, per farla diventare più densa di valore e significato, per permettere di ottenere maggiore soddisfazione, di sviluppare la motivazione, di ampliare il senso di responsabilità.
Il Job Crafting non è paragonabile all'esplosione di un vulcano, con cambiamenti e ripercussioni stravolgenti all'interno di un ruolo.
È più vicino alla differenza che ci può essere tra un capo prêt-à-porter e un abito di sartoria. Sicuramente il secondo è disegnato su misura delle caratteristiche della persona che dovrà indossarlo, sarà quindi in grado di valorizzare al meglio la figura, migliorando inevitabilmente anche la qualità intrinseca dell'abito stesso.

Certo è che l'abito su misura richiede un po' di tempo in più, qualche investimento in più, la guida e il lavoro di un sarto professionista. Non è come entrare in un grande magazzino, in cui la persona che deve indossare l'abito, lo sceglie, lo prova in autonomia e solitudine, e decide l'acquisto senza il consiglio di qualcuno, e magari si apporta anche – con le poche competenze che possiede – qualche modifica indispensabile.
Il Job Crafting è un percorso che il lavoratore deve percorrere affiancato da una persona competente, un capo o un coach esterno, che lo guidi nell'analisi, nella valutazione, nella

reinterpretazione e nella successiva messa in pratica di un nuovo modo di vivere il proprio lavoro.

Muri o cattedrali

Un famoso racconto narra l'antica storia di un viandante che, durante il suo cammino, incontrò un muratore, affaticato e triste, che stancamente lavorava con pietre, sabbia e cemento. Dal suo modo di affrontare l'attività, emergeva chiaramente la pazienza e la perizia che metteva in ciò che faceva, tuttavia, era altrettanto chiaro quanto quell'uomo fosse annoiato e insoddisfatto.

Il viandante si fermò a osservarlo e, dopo qualche minuto, gli chiese: "In cosa siete impegnato? Cosa state facendo?".

"Non lo so", gli rispose l'operaio, infastidito per essere stato disturbato, "sto facendo un muro. Non lo vede?" continuò con aria di scherno.

Il viandante, accortosi di quanto poco il suo interlocutore avesse gradito il suo interesse, si accomiatò velocemente e proseguì il cammino. A pochi passi di distanza, incontrò un altro muratore che stava lavorando alla stessa costruzione.

Era allegro e pieno di energia, lavorava con la stessa pazienza e perizia del suo compagno di squadra, ma ben diverso era l'entusiasmo che metteva in ciò che stava facendo. Nonostante il lavoro fosse faticoso, l'uomo trovava anche il fiato per canticchiare.

Il viandante allora pose anche a questo secondo operaio qualche domanda: "In cosa siete impegnato? Mi sembra un lavoro molto faticoso, eppure vi vedo allegro… addirittura cantate!".

"Oh, sì, signore. Sono allegro e canto le lodi a Dio perché ho l'onore di costruire una meravigliosa cattedrale!"

Talvolta, il Job Crafting non richiede di cambiare il lavoro neppure di una virgola. Ciò che può fare la differenza è il significato che le persone danno a ciò che fanno. Costruire un muro o una magnifica cattedrale sono cose molto diverse!

Il **Job Crafting** è un modo per ampliare i confini del significato del proprio lavoro in coerenza con la propria personalità; è lo strumento che consente alla persona di portare le proprie passioni e tutte le proprie capacità all'interno dell'attività professionale che svolge.

Natale Capellaro

Natale Capellaro nacque a Ivrea nel 1902. La sua era una modesta famiglia di calzolai che non poteva permettersi di far studiare il figlio. A Natale piaceva lavorare il ferro, costruire oggetti, tanto che provvedeva a fabbricarsi da solo i giocattoli che nessuno gli poteva regalare. Dopo gli studi elementari e due anni di scuola serale (le "tecniche", come si chiamavano allora) riuscì a farsi assumere, neppure quattordicenne, alla Olivetti, come apprendista operaio al reparto montaggio della M1, la prima macchina per scrivere della Olivetti, dove imparò a svolgere operazioni molto semplici.

La precisione, la voglia di fare e le doti di Capellaro lo portarono a usare pezzi di scarto della lavorazione per costruire in casa il prototipo di una delle prime macchine da calcolo. Il giovane operaio fu subito notato; dai suoi esperimenti casalinghi prese avvio una carriera brillante e veloce che lo portò, sempre in Olivetti, a diventare il progettista della famosa Divisumma 14. L'azienda diventò leader mondiale per le macchine da calcolo e Natale Capellaro arrivò a ricoprire posizioni apicali in azienda, oltre ad ottenere la laurea in ingegneria Honoris Causa.

Questa non è una fiaba. È la storia di come si possa cambiare il proprio destino professionale se e quando si riesce a portare al suo interno le capacità, le doti, le attitudini e le passioni che si posseggono.

Il Job Crafting in azienda

Non tutti si chiamano Natale Capellaro. Non tutti riescono a fare Job Crafting in autonomia, grazie solo alla propria intelligenza, alla propria determinazione, al proprio ingegno e alla propria motivazione.

Le aziende possono diventare importanti contributori e facilitatori nel percorso di **Job Crafting** dei propri collaboratori, attraverso percorsi di coaching mirati.

> *Le aziende possono diventare importanti contributori e facilitatori nel percorso di **Job Crafting** dei propri collaboratori, attraverso percorsi di coaching mirati.*

Coach interni o professionisti esterni possono guidare le persone che, attraverso questo strumento, possono dare significati nuovi alla loro professione, trovare stimoli e motivazione per vivere con più soddisfazione la vita professionale e apportare contributi di maggior valore ed efficacia al team e all'azienda nel suo insieme.

L'arcobaleno della motivazione

Sei colori: giallo, verde, arancione, blu, rosso e viola. Ognuno di questi corrisponde ad altrettante caratteristiche personali; spinte motivazionali; modalità di approcciare impegni, lavoro e responsabilità; atteggiamenti mentali. Attraverso un questionario, la combinazione di questi sei colori, per priorità e peso, crea un profilo che rappresenta quali sono i drive motivazionali di una persona.
Cosa significa questo profilo? Quali utilità può avere per la persona? Ci sono ricadute che possono interessare anche il team di cui fa parte?
Prima di rispondere a queste domande, vediamo cosa rappresentano i sei colori.
Andiamo alla scoperta del **Management Drives**.

Giallo

Il Giallo rappresenta la predisposizione all'analisi e alla comprensione; la necessità di sentirsi liberi di pensare e di agire, anche e soprattutto quando le situazioni sono complesse e richiedono un'analisi attenta e approfondita.

In questo colore si ritrova anche il piacere di considerare le questioni all'interno di una visione più ampia, con una predisposizione alla lungimiranza e a una visione volta al futuro.

È quindi l'ambito dello studio e dell'innovazione, del cambiamento che nasce dall'analisi, della ricerca di comprensione dei significati. Ciò che è già esistente, per il Giallo, è pronto per essere superato. La sua tensione è costantemente proiettata sul futuro.

L'approccio del Giallo è prevalentemente razionale; sente il bisogno di capire prima di agire. Raramente si fa guidare dalle emozioni.

Il suo punto debole può essere, talvolta, focalizzarsi troppo sulla teoria, sui ragionamenti astratti, perdendo di vista l'applicazione pratica.

Verde

Questo è il colore della comunicazione, delle relazioni, dell'empatia. C'è una forte attenzione all'altro, con la voglia di capirne emozioni e sentimenti.

Chi è guidato dal Verde, sente il bisogno di condividere, di coinvolgere e di essere coinvolto, di creare scambi di collaborazione reciproca, di mutuo sostegno e aiuto. C'è attenzione al debole e a chi è in difficoltà; c'è la predisposizione a valutare le persone in base alle intenzioni.

Il Verde è in contatto non solo con le emozioni degli altri, ma anche con le proprie emozioni, ed è proprio da ciò che nasce la sua predisposizione alla relazione interpersonale.

Nella comunicazione ricerca costantemente l'armonia e l'uguaglianza; quando si confronta con comportamenti e stili arroganti si trova in difficoltà.

Il punto debole di questo drive può essere rappresentato dalla lentezza che nasce proprio dall'adeguare il passo a chi è più lento, oppure a voler discutere ogni minima decisione con tutto il gruppo.

Arancione

Questo drive connota chi è mosso dal senso di competizione, dall'attenzione alla qualità e ai risultati della performance, dall'interesse verso il successo.

L'Arancione ama le sfide ed è sostenuto dal pensiero che, quando si vuole veramente ottenere qualcosa, è più facile riuscirci. È molto focalizzato sull'efficacia delle azioni perché ciò che maggiormente lo interessa sono i risultati e il progresso.

Considera il mondo come un luogo pieno di opportunità da cogliere.

L'Arancione apprezza molto il riconoscimento degli altri e quindi ama che i propri risultati siano condivisi col resto del mondo.

La sua spinta verso il successo e la competizione possono sfociare nell'opportunismo e nella scarsa considerazione per chi è più debole. La continua ricerca del successo, può portarlo a non accettare di buon grado le critiche.

Blu

Il Blu è il drive delle regole, della chiarezza, delle certezze. Chi ha come drive più forte il Blu è rispettoso e leale nei confronti degli accordi presi; ama l'ordine e i "patti chiari". Ha un forte senso della giustizia che lo porta a ritenere che le violazioni debbano essere sanzionate. Ama l'ordine, l'affidabilità, la disciplina. Quando si assume un compito o una responsabilità, si assicura che l'impegno preso sia portato a termine.

Il Blu è persona di organizzazione e desidera che le cose siano fatte, e siano fatte bene. Assegna molto valore all'esperienza dalla quale cerca di trarre il massimo vantaggio per affrontare le questioni di oggi.

Ama e crea stabilità e un clima di calma e certezze. Il suo approccio alle situazioni è perciò di tipo razionale e tende costantemente a ragionare secondo lo schema causa/effetto.

Nella comunicazione preferisce procedere in modo ordinato, seguendo, passo dopo passo, gli step logici. Quando ci si discosta dagli accordi presi, da un ordine del giorno, da una scaletta preventivata, prova una sorta di disagio.

Il rischio è di concentrarsi troppo sui dettagli e di venire percepito come troppo formale e rigido.

Rosso

Il profilo che ha una forte componente di Rosso è caratterizzato dal vivere nel presente, prendendo decisioni rapide, a volte impulsive.

Rispetta il potere e, se può, esercita l'autorità. Sostiene il coraggio ed è leale verso le persone che collaborano con lui.

Il Rosso è, di tutti e sei, il drive maggiormente focalizzato sulla forza e sul raggiungimento del potere e del dominio.

Allo scopo di risolvere velocemente le questioni e poter andare oltre, il suo essere sempre molto diretto può portarlo allo scontro e al confitto.

Il drive Rosso è coraggioso e mostra un certo spirito pioneristico.

Vivendo nel presente, il Rosso è impaziente e veloce. Il suo motto potrebbe essere: "Fatti, non parole".

I maggiori rischi per un drive Rosso risiedono nella comunicazione, a causa della sua impulsività e della sua insistenza.

Viola

Il drive Viola ama creare sicurezza e legami; si sente al servizio delle persone con cui si interfaccia; ama i simboli e le tradizioni ed è rispettoso soprattutto delle regole non scritte, di quelle che provengono dalla tradizione, dalla cultura di riferimento e dai valori condivisi.

Sente un forte attaccamento all'ambiente sociale di cui fa parte e prova l'orgoglio dell'appartenenza. Prevale il senso della socialità a quello dell'individualità.

Il Viola annette molto valore a qualsiasi tipo di organizzazione, dalla famiglia al team di lavoro; per questo motivo, può essere prezioso per creare un buon clima all'interno di un gruppo.

Il Viola valorizza l'esperienza e le esperienze passate, e da queste trae spunto per affrontare le questioni dell'oggi.

Nella comunicazione, il Viola ama che siano rispettati i riti e che si crei un clima disteso prima di entrare nel vivo del colloquio.

Il rischio di questo drive è di ancorarsi troppo al passato e di identificarsi troppo col gruppo, perdendo un po' la capacità di autocritica. Apprezza poco chi si discosta dalla squadra con comportamenti o idee fuori dagli schemi.

Siamo tutti meravigliose sfumature

Questi sono i sei drive di **Management Drives**. La cosa bella è che, in base ai risultati del questionario da cui comprendere il nostro profilo, è che non esiste una persona con un solo drive motivazionale. Ognuno di noi, in minore o maggiore misura, ha elementi di tutti e sei i colori. Ciò vuol dire che, pur presentando comportamenti e caratteristiche che trovano più corrispondenza con uno o più drive, presenta comunque elementi di tutte le tipologie previste.

Questo significa che gli elementi appena descritti per ognuno dei sei drive, si fondono e si integrano per creare personalità uniche.

Allora, se alla fine siamo tutti diversi, perché usare lo strumento? Potremmo chiederci. Perché lo strumento non vive di vita propria; il report del questionario viene letto, analizzato e interpretato da professionisti qualificati e certificati che, insieme al diretto interessato, riflettono sul significato del risultato ottenuto, in base al contesto in cui opera e al ruolo che ricopre. Ecco che **Management Drives diventa quindi l'inizio e la guida di un percorso di crescita personale**.

Lo stesso metodo può essere adottato anche a favore di un intero team, per comprendere, al di là del profilo dei singoli, quali sono i drive motivazionali dell'intera squadra.

> ***Management Drives**. Sei colori: giallo, verde, arancione, blu, rosso e viola. Ognuno di questi corrisponde ad altrettante caratteristiche personali; spinte motivazionali; modalità di approcciare impegni, lavoro e responsabilità; atteggiamenti mentali.*

Il popolo degli smart worker

La storia

Lo sviluppo delle tecnologie si è messo in società con una delle più tragiche esperienze che il nostro Paese ha vissuto dal Dopoguerra: la pandemia.
Il risultato di questa stravagante joint venture è stato lo **smart working**.
Ormai, a quasi tre anni di distanza, facciamo un po' di analisi di quanto è successo.
All'inizio, in pieno lockdown, eravamo immersi in un totale senso di smarrimento; le famiglie stavano sperimentando una nuova modalità di vivere e di occupare gli spazi domestici. Boom di acquisto di tecnologia, perché un solo pc non era più sufficiente. I ragazzi in DAD, le riunioni con i team di lavoro, l'intrattenimento continuo fatto di film, serie TV interminabili, dirette TG inquietanti. Il focolare domestico si era trasformato nella sede IT della famiglia Rossi di turno.
Mancava la socializzazione con gli amici, i colleghi, i compagni di scuola; invece, i rapporti famigliari erano diventati sempre più claustrofobici. Impennata di cause di separazione e divorzio.
Lentamente e dolorosamente si è tornati alla normalità. Di tutta quell'esperienza è rimasto lo smart working, identificato da molti come la soluzione a tutti i mali del mondo. È proprio così?

I costi

Lo smart working ha portato un immediato risparmio di costi: per i lavoratori e per le aziende.
Alcune ricerche e analisi hanno stimato un risparmio annuo netto per i lavoratori di circa 600 euro, nato dalla differenza tra il risparmio di circa 1.000 euro all'anno (per minori costi di trasporto e di spese connesse al lavoro fuori casa) e i costi sostenuti per il fatto di essere costantemente a casa e utilizzare le infrastrutture casalinghe anziché quelle aziendali; stiamo parlando di una spesa di circa 400 euro l'anno. Il caro-bollette potrebbe apportare sensibili modifiche a questi dati, addirittura invertendo la tendenza.
Per le aziende è stato stimato un risparmio di circa 500 euro a postazione, che proprio a causa della crisi energetica, potrebbe anche aumentare.

Agli aspetti economici, si devono aggiungere i benefici ambientali: è stata calcolata una riduzione delle emissioni di CO_2 di circa 450 chilogrammi annui a persona.

Il ridisegno degli ambienti

Il 52% delle grandi imprese, il 30% delle PMI e il 25% della PA ha già modificato gli ambienti di lavoro, adeguandoli a un utilizzo più agile degli spazi da parte dei lavoratori, creando postazioni di lavoro pronte ad ospitare chi, in un dato giorno, è fisicamente alla scrivania. Stanno diminuendo così le scrivanie personalizzate, con le foto della famiglia, i ninnoli, gli accessori di proprietà e gli effetti personali confusi tra le pratiche.
Molti dipendenti devono ancora abituarsi all'idea di "parcheggiarsi" a lavorare dove trovano posto e a perdere l'idea di ritrovare, anche in azienda, un piccolo angolo di casa. Queste scelte hanno portato benefici economici e logistici, grazie ai quali si sono potute addirittura eliminare intere ali di palazzi, in alcuni casi. Il rovescio della medaglia è rappresentato da una minore motivazione a raggiungere fisicamente il posto di lavoro, in cui non si riconosce più una postazione rispetto a un'altra, e non si sa neppure chi sarà, quel giorno, il vicino di scrivania.

Qualche numero

Nel 2022, in Italia, il lavoro da remoto ha subito una leggera flessione, nonostante continui a essere utilizzato in modo consistente. I lavoratori che operano in smart working sono oggi circa 3 milioni e mezzo, quasi cinquecentomila in meno rispetto al 2021, con un calo che si è registrato principalmente nella Pubblica Amministrazione e nelle piccole e medie imprese, mentre nelle grandi aziende non sono state registrate variazioni significative. Di fatto, l'incremento è legato più al numero delle aziende che lo hanno adottato, e meno al numero di lavoratori. Oggi lo smart working è presente nel 90% circa delle grandi imprese domestiche, a differenza di una percentuale dell'80% nel 2021.
Questi sono alcuni dei dati che arrivano dall'Osservatorio Smart Working della School of Management del Politecnico di Milano.

La motivazione

Relativamente a questo tema, è necessario fare una distinzione tra "veri" smart worker, e lavoratori a distanza. I primi, oltre alla possibilità di lavorare da remoto, hanno flessibilità nella gestione degli orari e lavorano per obiettivi; hanno livelli di benessere ed engagement più elevati di chi lavora in sede e, soprattutto, di chi lavora da remoto senza altre forme di flessibilità.

Questi ultimi vivono talvolta il distacco dall'azienda come un isolamento dal contesto professionale, si sentono meno coinvolti nelle dinamiche sociali e, soprattutto, nelle strategie. Godono dei vantaggi del poter lavorare da casa, senza soffrire lo stress dei lunghi spostamenti, ma sentono di essersi allontanati dalla realtà aziendale. È questo un elemento da non sottovalutare, perché meno ci si sente parte di una struttura sociale, meno fatica si fa ad allontanarsene anche mentalmente. La percezione del valore del tempo dedicato al lavoro cambia e si scoprono altre esigenze e aspettative di qualità della vita che possono portare, come si è già visto in quest'ultimo periodo, a decidere di abbandonare il lavoro dipendente. Mariano Corso, Responsabile scientifico dell'Osservatorio Smart Working, sostiene che *"Spesso, l'applicazione delle nuove modalità di lavoro si è concretizzata con l'introduzione del solo lavoro da remoto, che ha consentito di gestire le emergenze e supportare il work-life balance delle persone, ma che non rappresenta un ripensamento del modello di organizzazione del lavoro. È il momento di riflettere su cosa sia il "vero Smart Working", che deve essere l'occasione per attuare un cambiamento più profondo, incentrato sul lavoro per obiettivi e una digitalizzazione intelligente delle attività."*

È sempre più necessario, perciò, saper guidare le persone che lavorano in azienda in una nuova ridefinizione del profilo e dei confini del loro lavoro, per trovare spazi e ambiti nuovi in cui far confluire e valorizzare competenze, attitudini, passioni e interessi.

Il **Job Crafting** può rappresentare un utile strumento e metodo per aiutare le aziende in questo cambiamento epocale del mondo del lavoro.

> *È sempre più necessario saper guidare le persone che lavorano in azienda in una nuova ridefinizione del profilo e dei confini del loro lavoro, per trovare spazi e ambiti nuovi in cui far confluire e valorizzare competenze, attitudini, passioni e interessi.*

La pozione magica del successo

Successo: participio passato del verbo succedere, cioè accadere.
A rigor di logica, ogni fatto che fa parte del passato è successo.
Nel significato del sostantivo, si sono ristretti i confini del successo e rimangono al suo interno soltanto le attività, i progetti e le azioni che hanno avuto esito positivo.
Oltre a ciò, molto spesso si usa questa parola per identificare non un'azione, bensì una persona: è una persona di successo.
Ed è proprio questa modalità che ci induce a interpretare il successo come una caratteristica intrinseca di un individuo, anziché una qualità dinamica di ogni nostro progetto, lavoro, scelta. Qualche volta, ciò che facciamo ha successo, altre volte no.
Non siamo noi a essere o a non essere persone di successo. Questo è uno dei pensieri guida dei vincenti: loro si sentono sempre adeguati, anche se e quando qualche loro attività non ha successo.

La babele del successo

A rendere ancora più confusa la situazione, ognuno di noi valuta il successo secondo una scala di misura molto personale; ciò non aiuta ad avere un'idea chiara di cos'è il successo e di come averne una corretta percezione.
Per alcuni è sinonimo di fama, per altri il successo si misura col potere o col denaro. Altre persone, invece, lo identificano con la soddisfazione personale di fare le cose bene, o di apportare valore alla struttura sociale (sia essa famigliare, professionale, o relativa a specifiche comunità) di cui sono parte.
Addirittura, il successo è considerato talvolta come il personale stato di benessere e di appagamento psico-fisico.
Come al solito, non si può avere una risposta che vada bene per tutti.

Tutti vogliamo il successo

In ogni caso, pur riferendoci a risultati tra loro molto diversi, la maggior parte di noi ambisce al successo. È la sana e naturale tensione verso la riuscita di ciò che facciamo, il raggiungimento dei nostri obiettivi, la vittoria di una sfida, l'ottenimento di un certo risultato.

L'errore in cui si corre il rischio di cadere è pensare che il successo sia la nostra meta. Come abbiamo visto, il successo è la conseguenza di un'impresa ben riuscita, non è l'impresa stessa.

Inseguire il successo come qualcosa capace di vivere di vita propria è la garanzia di trascorrere un'esistenza triste e meschina, in cui ogni traguardo, ogni soddisfazione, ogni risultato verrà misurato e valutato solo in funzione del successo, o almeno di ciò che ognuno di noi intende per esso.

Quando invece noi ci appassioniamo e ci impegniamo in un compito, è quello ciò che veramente dà valore a noi stessi e al nostro operato e ci conduce verso i risultati sperati.

Ingredienti imprescindibili

Che il successo sia una logica conseguenza di ciò che facciamo e di ciò che raggiungiamo è quindi un dato di fatto.

Del resto, come sarebbe possibile ottenere successo senza aver espresso lavoro, impegno, motivazione e dedizione in una specifica attività?

Ora però è naturale chiedersi di cosa ci sia bisogno per raggiungere i nostri obiettivi.

Ci si potrebbe aspettare un elenco complesso, lungo, in continuo aggiornamento sulla base delle nuove ricerche scientifiche e sociologiche, o anche delle mode.

Di fatto, gli ingredienti sono pochi, antichi e semplici.

- ✓ Passione
- ✓ Competenze adeguate
- ✓ Capacità personali
- ✓ Determinazione e focalizzazione sull'obiettivo.

Passione

È un insieme magico di energia, di amore per quel che si fa, di credere in ciò che vogliamo raggiungere. La passione ci risucchia in una dimensione in cui esistiamo solo noi e il nostro obiettivo, noi e ciò che stiamo facendo.

Lavorare con passione ci consente di moltiplicare forze ed energie, ci rende più attenti, più brillanti; può aumentare le nostre capacità e migliorare le nostre attitudini.

Quando c'è la passione, abbiamo meno paura e troviamo piacere e soddisfazione in ciò che facciamo.

Competenze adeguate

Per ottenere risultati di valore è necessario sapere ed essere in grado di applicare in modo mirato le nostre conoscenze.

I risultati solo raramente sono il frutto dell'unica buona volontà. Serve preparazione, studio, sperimentazione e capacità di attuazione pratica.

Capacità personali

Non tutto si studia e non tutto si impara. Le nostre capacità personali, le nostre attitudini e le nostre predisposizioni possono essere determinanti nel farci progredire verso le nostre mete.

E non si tratta soltanto di essere naturalmente portati per un certo tipo di lavoro o di argomento. Capacità altrettanto importanti possono riguardare la sfera delle relazioni, così come la dote di saper affrontare i cambiamenti, le difficoltà, le sfide e i vincoli esterni.

Determinazione e focalizzazione sull'obiettivo

Quando vogliamo raggiungere una meta, non possiamo distogliere lo sguardo, altrimenti la nostra attenzione sarà attirata da tutti gli altri stimoli e disturbi che sono intorno a noi. Saper rimanere concentrati sul traguardo è fondamentale per non sbagliare strada o allungare inutilmente il percorso.

Prepararsi al successo

Non è uno scherzo. Per poter raggiungere il successo attraverso le nostre azioni e i nostri progetti, dobbiamo innanzitutto pensare noi per primi di avere tutte le carte in regola per essere meritevoli del successo.

La paura di vincere attanaglia talvolta anche persone molto brillanti che, pensando di non meritare quel risultato, difficilmente lo raggiungeranno.

Nella nostra pozione magica dobbiamo perciò aggiungere la fiducia in noi stessi, l'autostima e la convinzione che siamo pronti per raccogliere i migliori risultati dal nostro lavoro.

> *Per poter raggiungere il successo attraverso le nostre azioni e i nostri progetti, dobbiamo innanzitutto pensare noi per primi di avere tutte le carte in regola per essere meritevoli del successo.*

Un procrastinatore per ogni occasione

Il risultato è sempre lo stesso: rimandare.

Cause e conseguenze possono tuttavia essere molto diverse. È importante riconoscerle per trovare la soluzione più efficace da adottare. Scopriamo insieme i profili più comuni dei procrastinatori.

Il Perfezionista

Non inizia fino a quando tutte le condizioni ritenute indispensabili non saranno presenti. Secondo vari studi psicologici, le caratteristiche maggiormente riscontrate sono:
- il timore dell'errore;
- l'abitudine a standard personali elevati;
- la percezione di aspettative molto alte dall'esterno e di un conseguente forte rischio di esporsi alla critica;
- una preferenza per l'ordine e l'organizzazione.

A complicare la situazione, il Perfezionista vive il suo ritardare l'azione o il compito comunque come un fallimento. Tende a colpevolizzarsi e a viversi come persona poco affidabile e con una volontà insufficiente.

Due delle emozioni che caratterizzano il Perfezionista sono l'ansia che, di fatto, è la paura e la preoccupazione per il futuro, e il senso di colpa.

L'Iper-responsabile

Non inizia fino a quando non sente di avere il totale controllo della situazione e non ha la sicurezza del successo della sua azione o della sua decisione. Le dimensioni maggiormente riscontrate in questo profilo sono:
- il timore dell'errore;
- il bisogno di protezione;
- il bisogno di poter controllare ogni cosa e situazione;
- la paura del cambiamento;
- l'eccessivo senso di responsabilità.

Oltre all'ansia, l'Iper-responsabile potrebbe essere molto sensibile anche al senso di colpa per ciò che potrebbe causare attraverso un'azione o un risultato non del tutto rispondenti alle aspettative sue o degli altri.

Il Timoroso del fallimento

Anche se può sembrare il medesimo profilo del Perfezionista, alla base c'è una percezione di sé molto diversa. Mentre il Perfezionista pretende da se stesso standard elevatissimi, il Timoroso del fallimento ha una percezione di sé abbastanza bassa e, perciò, è frenato dalla paura di non essere all'altezza del compito o della situazione. Le dimensioni maggiormente riscontrate sono:
- il timore dell'errore;
- la bassa autostima;
- la visione pessimistica della vita.

Come per il Perfezionista, l'emozione più presente è l'ansia, pur se dovuta a cause diverse.

Il Timoroso del successo

A differenza del profilo precedente, qui ci troviamo di fronte a una persona che ha paura delle conseguenze che può portare con sé il successo; ad esempio, un sovraccarico di impegni, l'incremento delle aspettative degli altri, la necessità di assumersi nuove responsabilità, il doversi relazionare ed esporre con gli altri più di quanto sia gradito a questo tipo di persone, la paura di generare invidie e crearsi dei nemici, la credenza limitante di non essere degno del successo, e così via. Gli elementi maggiormente riscontrati sono:
- la bassa autostima;
- la paura del cambiamento;
- la scarsa propensione per le relazioni interpersonali.

Alla base c'è una pericolosa miscela di due emozioni: paura e ansia.

Il Rilassato

Il Rilassato procrastina lavori e attività perché è infastidito dall'idea di dover affrontare fatica, impegno, stress e responsabilità in quantità superiore rispetto alla condizione del "non fare".

Di solito, il Rilassato preferisce la gratificazione immediata piuttosto che il dover affrontare qualsiasi forma di disagio volta a una gratificazione futura. Le dimensioni maggiormente riscontrate sono:

- ✓ la paura della fatica e dello stress;
- ✓ la ricerca del benessere nel qui e ora, con scarso interesse per il futuro;
- ✓ la bassa lungimiranza, o almeno la scarsa vision del futuro.

Due tra le emozioni che il Rilassato prova frequentemente sono la paura e la noia.

L'Autonomo

Le persone che sentono costantemente il bisogno di affermare la loro libertà e la loro autonomia rispetto agli altri e al contesto nel quale sono inserite, possono vivere la procrastinazione come la dimostrazione della loro capacità di non assoggettarsi a ciò che gli altri, o anche solo le situazioni, richiedono.

Talvolta, l'Autonomo vive ogni richiesta di azione come una sopraffazione della propria libertà, o addirittura della propria dignità. Ciò può essere dovuto anche a una bassa autostima. Le dimensioni maggiormente riscontrate sono:

- ✓ il bisogno di libertà e autonomia;
- ✓ la bassa autostima.

Una delle emozioni ricorrenti dell'Autonomo è la rabbia.

L'Incitato

Questo profilo di persona tende a procrastinare perché è solo l'adrenalina dell'incombenza della scadenza che crea la motivazione al fare.

Un caso emblematico di questa tipologia di persona è lo studente che non riesce a trovare la giusta attenzione e concentrazione se non in prossimità dell'esame. La famosa legge di Parkinson (Cyril Northcote Parkinson, storico navale britannico) afferma che: *"Il lavoro si espande in modo da riempire il tempo a disposizione per il suo completamento"*.

Le dimensioni maggiormente riscontrate sono:
- la scarsa autodisciplina;
- lo scarso senso di responsabilità;
- l'ottimismo e la superficialità;
- la ricerca del benessere nel qui e ora con scarso interesse per il futuro.

Anche in questo caso, una delle emozioni protagoniste è la rabbia verso le persone e le situazioni che ricordano gli impegni e le responsabilità assunte.

Il Depresso

È importante precisare che, in questo caso, il termine depresso si riferisce esclusivamente al profilo di procrastinatore e non a stati d'animo o patologie specifici. Il Depresso, in questa esclusiva accezione, è di solito colui che dice subito sì di fronte a impegni, richieste, opportunità e, successivamente, ha ripensamenti e pentimenti per quell'atto iniziale sostenuto da grande entusiasmo ed energia.

Lo stato d'animo è quello della pigrizia mista a una difficoltà a "mettersi in moto" per mancanza di energia e per paura della delusione per un'esperienza non all'altezza dell'aspettativa. Le dimensioni maggiormente riscontrate sono:
- la bassa autostima;
- uno scarso livello di energia;
- un certo pessimismo.

Tra le emozioni che connotano questo profilo di procrastinatore c'è la tristezza, l'ansia e, talvolta, la rabbia.

Ti sei riconosciuto, anche solo parzialmente, in uno di questi profili? O magari hai riconosciuto qualche tuo collaboratore? In qualsiasi caso, la ricetta non è forzare in modo ostinato un comportamento: la fatica sarebbe tanta e i risultati scarsi; è molto più utile lavorare con costanza sulle cause per cambiare un tipo di approccio, o per aumentare l'autostima, o allenarsi a cambiare qualche abitudine di pensiero.

I risultati arriveranno presto, e ti motiveranno a continuare per abbandonare - o aiutare a far abbandonare - l'abitudine a procrastinare, e avere una vita più entusiasmante e soddisfacente.

E quando, invece, rimandare fa bene?

Ci sono situazioni in cui rimandare un'azione o una decisione è la strategia migliore. In questi casi, la procrastinazione può metterci al riparo da conseguenze dannose per noi, per il nostro team, o addirittura per l'intera azienda.

Alcune volte, agire in modo affrettato, facendoci guidare solo dalle emozioni e dall'impulsività, può essere rischioso. Concediamoci il tempo di riflettere e analizzare la situazione, le persone con cui ci stiamo relazionando, le ripercussioni possibili.

Far placare le emozioni forti - come possono essere la rabbia, l'entusiasmo, l'ansia - può significare eliminare il rischio di immettersi in sentieri pieni di insidie.

Attenzione però, per chi è portato a rimandare sempre e comunque, a non usare l'importanza di essere razionali e oculati come alibi per non fare.

> *Il lavoro si espande in modo da riempire il tempo a disposizione per il suo completamento.*

IL TEMPO DELLA LEADERSHIP

La Leadership a 360°

Leadership etica per successi sostenibili

La leadership, intesa come la capacità di essere alla testa di una squadra - o di un'intera azienda - l'attitudine a essere guida, modello e punto di riferimento, è impegnativa, da acquisire e da esprimere. Ciò non solo perché ci mette in relazione con persone e situazioni di cui siamo responsabili, ma soprattutto perché ci pone nella scomoda necessità di metterci in relazione con noi stessi e di fare i conti con la parte più segreta e inesplorata del nostro essere. Si tratta di una parte che esiste in ognuno di noi, anche se non ne avvertiamo la presenza, ma che in determinate situazioni - e l'essere chiamati a esprimere un ruolo di leader può essere una di queste - può emergere in modo improvviso e pericoloso per tutti.

L'esperienza della leadership

Essere leader, che ci piaccia o no, significa anche gestire il potere. Nella parola "potere" non c'è alcun significato negativo; vuol dire semplicemente che "si può". La differenza nell'interpretazione di questo termine risiede nell'etica della gestione di questo potere. Tutti noi, sin da bambini, abbiamo fantasticato sull'ipotesi di detenere il potere; abbiamo sognato di essere re, regine, maghi, fate, eroi invincibili, ognuno dei quali, nel bene o nel male, è un personaggio che esprime una forma di superiorità sulle altre persone. Nell'età adulta, abbiamo abbandonato questi pensieri, ma il conflitto tra giusto e sbagliato, tra bene e male, tra buono e cattivo, tra il comando e l'obbedienza, è rimasto; e quando ci si trova alla guida di una squadra, tutte le ambiguità che nascono dal confronto con gli impulsi primordiali della nostra stessa esistenza emergono prepotentemente.

Chi è portato, per attitudine, a gestire la leadership, è di solito attratto dal continuo dissidio tra queste forze opposte; chi rifugge le situazioni di potere, spesso, teme proprio questo confronto.

In ogni caso, che lo viviamo con più o meno serenità, oppure con più o meno paura, il potere ci trasforma, liberando parti della personalità che, di solito, non sono del tutto conosciute neppure a noi stessi; ciò ci porta a concludere che, indipendentemente da tutta la letteratura a nostra disposizione, da tutta la formazione seguita, da tutti i master frequentati, la leadership è qualcosa che riusciamo a comprendere solo dopo averla vissuta sulla nostra pelle, perché solo allora si scatena al nostro interno il terremoto da cui emergono consapevolezze nuove e ignote, pronte a farci nascere per una seconda volta.

La leadership non è gratuita, e chi vive questa esperienza non ne può uscire indenne. Si è continuamente sollecitati da gratificazioni e sensi di colpa che creano in modo inevitabile il confronto col nostro ego e con i nostri valori etici più profondi; mantenere l'equilibrio, non distorcere il senso di realtà, focalizzare la nostra attenzione su comportamenti razionali diventa imprescindibile e, talvolta, difficile.

La percezione di sé e del contesto

Il terreno sul quale cammina chi esercita il potere è più fragile di una sottile lastra di ghiaccio e divide il nostro essere dalle insidie di un lago profondo, buio e gelato; può capitare perciò che esperienze e figure del nostro mondo interiore e passato possano riemergere, modificando la percezione di noi stessi, degli altri, e di quanto è intorno a noi. Costruiamo quindi paradigmi e rappresentazioni della realtà poco obbiettivi, che ci conducono molto lontano dalla verità e da comportamenti razionali, adeguati al contesto. Si può cadere nell'illusione di un'immagine di sé sproporzionata, come riflessa da uno specchio deformante; vivere sentimenti di onnipotenza ed essere guidati da atteggiamenti sprezzanti e autoritari; oppure, provare quell'opprimente sensazione di inadeguatezza e di panico tipici di quando si è di fronte a qualcosa troppo grande per noi.

Il famoso filosofo francese Denis Diderot scrisse: *"Ciò che noi facciamo non è altro che erigere una statua a nostra immagine, e poi passiamo la vita impegnati nello sforzo di assomigliarle"*.

Questa percezione errata riguarda noi stessi, ma anche tutto ciò che ci circonda; ne deriva che tutto quanto non ci piace, di noi o di ciò che è fuori di noi, è considerato inaccettabile e, quindi, viene negato, oppure ostacolato.

Un dirigente può negare di avere una concorrenza forte e pericolosa; oppure può negare che la propria azienda sia in difficoltà; o che la sua squadra non sia all'altezza della situazione. Di fatto, sta negando la sua debolezza e la sua incapacità di affrontare la situazione; di conseguenza, si autoconvince che il problema non esiste. Oppure, partendo dalla medesima situazione, può negare la sua inadeguatezza riversando sugli altri problemi che sono esclusivamente suoi, e quindi sosterrà che i competitor sono tutti disonesti, o che i collaboratori sono tutti stupidi e inconcludenti.

Leadership: coraggio e responsabilità

Più abbiamo il coraggio di guardarci dentro e di accettare tutto quello che troviamo, più sarà possibile mantenere equilibrio e obbiettività nell'analisi delle situazioni e delle criticità con cui, un leader, presto o tardi, si deve confrontare.

Un altro problema importante che assilla la maggior parte dei capi è il rapporto con la ricerca del consenso e la gestione dei conflitti.

Nessun leader può contare su un consenso totale da parte di tutti; quando la nostra autostima è debole, questo aspetto crea molte situazioni di disagio che possono sfociare in veri e propri stati di ansia, di paura e di fuga.

Quando vive in questo stato d'animo, il leader impaurito vede, di solito, due tipi di soluzione: la ricerca spasmodica e inutile del consenso generale, la quale creerà inevitabilmente frustrazione, rabbia, paura e depressione; oppure la negazione del dissenso, attraverso il disinteresse e la denigrazione di chi obietta, sino ad arrivare a un approccio tirannico in cui, chi dissente, incorre in ripercussioni e rappresaglie di vario tipo.

La leadership è qualcosa che riusciamo a comprendere solo dopo averla vissuta sulla nostra pelle, perché solo allora si scatena al nostro interno il terremoto da cui emergono consapevolezze nuove e ignote, pronte a farci nascere per una seconda volta.

Quando ci si aggrappa con tutte le forze alla cultura della coesione e del consenso a ogni costo, non si sta facendo il bene di nessuno. Si sta frenando il processo di crescita e, inesorabilmente, si limita anche la libertà della squadra in cui chiunque è apportatore di una qualsiasi forma di critica viene vissuto come destabilizzatore del clima e del benessere comune.

Montesquieu, un altro filosofo, sempre francese, sosteneva che: *"Laddove non vedete alcun conflitto, potete essere sicuri che non c'è libertà"*.

Perciò, coinvolgere e far partecipare i collaboratori a scelte e decisioni è utile, addirittura auspicabile; tuttavia, lo stile partecipativo della leadership non deve diventare alibi per coprire e giustificare l'incapacità di affrontare le proprie responsabilità di leader, nonché per evitare il confronto con la critica da parte della squadra.

Altre volte, i capi, per mancanza di coraggio e di forza nel sostenere sulle loro spalle il peso del ruolo, si mettono allo stesso livello dei loro collaboratori. Si nascondono dietro la classica argomentazione di voler essere democratici e rispettosi della dignità di tutti. Ma se siamo tutti sulla stessa linea, il leader chi è? Chi guida chi? Se tutti hanno lo stesso peso nella presa di decisione, chi ne è veramente responsabile? Se la guida di un gruppo di escursionisti in montagna lascia che ognuno vada dove vuole, molto probabilmente, qualcuno si farà male. Nascondersi nel momento della responsabilità, per poi mostrarsi quando ci sono le premiazioni è un comportamento troppo facile, eppure possiamo vedere esempi di questi stili di leadership molto più spesso di quanto si immagina.

L'evoluzione della leadership

Alcuni capi, invece, pensano che agire questo ruolo, essere cioè dei leader, sia come fare il padre dei propri figli. Lo stile paternalistico è anacronistico, inefficace e irrispettoso. La squadra è formata da persone adulte, competenti - alcune volte, più di quanto lo sia il capo - sugli aspetti operativi e specialistici della materia; sovente sono persone che, a loro volta, hanno ambizioni di crescita e vogliono domani essere capi, alcuni di essi sono dei leader naturali. Il capo non può e non deve instaurare un sistema di premi e punizioni. Siamo nel 2023 e, ad oggi, si sentono sedicenti leader che parlano ancora, con una certa soddisfazione, del metodo "carota e bastone", o di "guinzaglio lungo o corto".

I collaboratori sono intelligenti e capaci, cerchino quei capi di non fare loro la figura degli asini.

Alla fine, che siamo più o meno consapevoli di chi siamo; che abbiamo un ottimo rapporto con la realtà, o che cadiamo talvolta nei tranelli delle illusioni; che possediamo una buona autostima, o che ricerchiamo continuamente l'applauso del pubblico come antidoto per un vuoto profondo che abbiamo nell'anima; che ci piaccia confrontarci per crescere, o che siamo vittime di un narcisismo inguaribile, essere leader equilibrati, ispirati e capaci di ispirare è una sfida continua. Una sfida che ingaggiamo con noi stessi, prima di tutto, e che, se vinta, porterà alla crescita e allo sviluppo non solo di noi, ma di tutta la squadra.

L'arte ci fa crescere

Nelle origini si scoprono i significati

La parola "arte" deve le sue origini all'antica lingua sanscrita in cui la radice "ar" significa andare verso e, in senso traslato, adattare, fare, produrre. Questa radice la si ritrova nel latino "ars" che ci fa approdare alla nostra contemporanea "arte".

Arte perciò può rappresentare non soltanto, come siamo ormai abituati a pensare, l'espressione creativa di un talento specifico che porta alla realizzazione di un'opera, ma anche l'identificazione di un percorso che va verso, che conduce, guida e ispira chi si accosta a essa.

Arte quindi come mezzo e strumento per evolvere e tendere a una dimensione più alta, o più profonda, del nostro stesso essere.

Arte maestra

L'arte ha quindi da sempre un ruolo di maestra dell'umanità, di preziosa intermediaria tra la vita terrena e ciò che trascende la nostra mera esistenza.

Sin dall'antichità, le persone colte si accostavano costantemente all'arte, indipendentemente dalle loro attività e dalle competenze specifiche possedute nei vari ambiti professionali, perché era nell'arte, come nella filosofia, che trovavano i varchi indispensabili per la loro crescita e il loro sviluppo personale.

L'arte non è autoreferenziale, non esiste solo per esprimere e raccontare se stessa. Non avrebbe senso vivere l'arte come semplice fonte di piacere. L'arte è un ponte che ci fa accedere alla parte più sacra di noi.

Arte e formazione

Cosa, perciò, meglio dell'arte può guidare una persona nel percorso di scoperta e valorizzazione di sé?

Questo è il motivo per cui, sempre più, la formazione sceglie le varie espressioni artistiche per accompagnare le persone in un percorso di conoscenza, accoglienza e sviluppo di sé.

L'arte permette ciò che altre tecniche e strumenti che parlano alla parte cognitiva di noi non sono in grado di ottenere, perché si scontrano con le nostre sovrastrutture, con le nostre credenze, con i nostri paradigmi, con la storia passata che ci portiamo appresso.

L'arte arriva direttamente al centro di noi, e da lì riparte per far nascere pensieri e consapevolezze nuove che non arrivano più dal mondo esterno, ma direttamente da noi stessi, attraverso l'osmosi creatasi tra noi e l'anima dell'artista.

> *L'arte non è autoreferenziale, non esiste solo per esprimere e raccontare se stessa. Non avrebbe senso vivere l'arte come semplice fonte di piacere. L'arte è un ponte che ci fa accedere alla parte più sacra di noi.*

La pelle del leader

La superficie profonda

Dal 29 settembre al 2 ottobre 2022 si è tenuta a Torino la diciottesima edizione del *Festival Torino Spiritualità*. L'appuntamento in questione aveva come sottotitolo "Pelle. La superficie profonda". A valle di quell'evento, sul nostro blog abbiamo pubblicato questo articolo.

Cos'hanno in comune la spiritualità e la leadership? Probabilmente nulla. È piuttosto l'argomento scelto, e il sottotitolo in particolare, che hanno fatto emergere una riflessione: la pelle è la parte più superficiale ed estesa del corpo, così come la terra è la parte più superficiale del nostro pianeta. Entrambe sono le porte che mettono in comunicazione l'interno con l'esterno; sono le parti visibili di tutto il complesso ingranaggio che regola la vita; sono la rappresentazione esteriore della salute o della malattia di ciò che ricoprono.

Questo è il tema specifico su cui soffermarci.

Quello che è indiscutibilmente vero da un punto di vista fisico, può essere altrettanto vero se interpretato in modo metaforico.

Cosa può esprimere la pelle di un leader? Competenze? Valori? Predisposizioni personali? Sì, certo. Ma forse la domanda più significativa potrebbe essere: a cosa corrisponde la pelle di un leader?

Da dentro a fuori. Andata e ritorno.

Abbiamo detto che la pelle parla di tutto ciò che ricopre e protegge, ed è anche l'organo ricettivo di una quantità straordinaria di stimoli che dall'esterno si insinuano nel nostro corpo per apportare nutrimento, emozioni, soglie di attenzione, stati di benessere o di disagio.

Tutto ciò è un continuo scambio di informazioni che compiono i due tragitti: da fuori a dentro e da dentro a fuori.

Quando questo sistema viene trasportato in un ambito cognitivo-emozionale, succede praticamente lo stesso fenomeno. La nostra pelle corrisponde così all'insieme dei nostri comportamenti, dei nostri pensieri, dei nostri paradigmi, della nostra comunicazione. E ognuno di essi influenza l'ambiente esterno, come viene a sua volta influenzato dall'ambiente in cui è immerso.

Più il nostro ruolo è significativo all'interno di una comunità, più sono alte le responsabilità connesse a questi continui scambi tra noi e l'ambiente.

Per un leader, la qualità di ciò che dice e di ciò che fa è fondamentale.

Le persone guardano il leader come punto di riferimento, di ispirazione, di equilibrio e di forza. Per avere risposte su aspetti operativi, si rivolgono agli specialisti.

La pelle del leader, quella che consente di entrare in comunicazione con le persone per capirle e per trasmettere loro ciò che serve a trovare entusiasmo, passione, motivazione, senso di appartenenza, engagement, è fatta di elementi preziosi e, talvolta, quasi impercettibili.

Stiamo parlando di ascolto, di etica, di vera passione per il ruolo, di attenzione e cura, di capacità di visione, di onestà intellettuale, di disponibilità al confronto, di apertura all'autoanalisi, di passione per il genere umano.

Un leader che ama di più le questioni rispetto alle persone, ha una pelle troppo dura, difficile da scalfire; i suoi pori sono chiusi e il passaggio osmotico è praticamente impossibile.

Un leader simile cosa può prendere dagli altri? Cosa può dare? Ben poco, di sicuro.

Si può cambiare pelle?

Nella vita, le cose che non si possono cambiare sono davvero poche.

È facile cambiare pelle? No. Perché la pelle abbiamo detto essere la rappresentazione esterna di ciò che siamo dentro. Cambiare dentro vuol dire mettersi in discussione e rivedere i propri paradigmi. Vuol dire soprattutto accettare il presupposto che per essere leader efficaci dobbiamo sviluppare interessi e valori diversi; dobbiamo appassionarci a chi, forse fino a questo momento, ci ha appassionato ben poco.

La difficoltà, quindi, non risiede in ciò che di diverso dobbiamo fare, ma in ciò che di diverso dobbiamo essere.

È impossibile riuscirci? No. È però utile chiederci se siamo veramente disposti a iniziare un percorso così impegnativo - specialmente se partiamo da molto lontano - se siamo convinti della bontà e dell'utilità del cambiamento. Il rischio, quando si avvia un percorso di cambiamento personale non voluto, è di fare tanta fatica per raggiungere risultati modesti e anche effimeri.

Skin care

È il nuovo modo di dire per parlare della cura della pelle.

Quale potrebbe essere la routine quotidiana utile a un leader per prendersi cura della propria pelle?

Si tratta di attività semplici, eppure tanto importanti; modalità nuove di interpretare il proprio ruolo e di osservare il mondo intorno.

Attenzione. Osservare veramente le persone del team; imparare a conoscerle e a capirle. Soffermarsi a chiedersi come, quanto e quando sono coinvolte in quello che fanno, cosa dà loro soddisfazione, quali sono le loro aspirazioni e aspettative.

Ascolto di sé. Abituarsi a un dialogo onesto e continuo con se stessi, per capire le proprie motivazioni, i propri obiettivi, le passioni, le credenze e le paure. Trovare la forza per adottare comportamenti e operare scelte coerenti col proprio sentire. Si può essere grandi persone anche se e quando si decide che essere leader non è la strada adeguata a chi si è veramente.

Ascolto degli altri. Entrare in relazione vera e profonda con gli altri, per crescere e far crescere. Cogliere l'essenza delle persone e lasciarla insinuarsi nella pelle, così come permettere che la propria essenza possa raggiungere la pelle dell'altro.

Sedersi nelle poltrone degli altri. Metaforicamente, abituarsi a osservare il team e l'azienda da visuali diverse per cogliere aspetti che, dalla propria postazione, sono difficili da individuare. Sarà facile scoprire che problemi e soluzioni hanno pesi e impatti diversi, a seconda del punto di vista.

Regalarsi agli altri. Trasferire al team non solo i pensieri, ma anche il sentire. Farsi conoscere anche attraverso le proprie debolezze; non temere di

> *Per un leader, la qualità di ciò che dice e di ciò che fa è fondamentale.*
> *Stiamo parlando di ascolto, di etica, di vera passione per il ruolo, di attenzione e cura, di capacità di visione, di onestà intellettuale, di disponibilità al confronto, di apertura all'autoanalisi, di passione per il genere umano.*

accettare i propri errori; lasciare emergere la persona che vive dietro il ruolo. Le persone amano e seguono le persone, non le caselle di un organigramma.

Sicuramente ci sono tanti altri suggerimenti per prenderci cura della nostra pelle di leader. Più la pelle del leader sarà delicata, più la sua leadership sarà forte.

Il giro della Leadership in otto parole

Parlare di leadership è impegnativo. È una dimensione umana che ha così tante sfaccettature da rendere quasi impossibile riuscire a coglierle tutte nello stesso momento. Nel nostro percorso di sviluppo della leadership **"Dall'Arte alla Leadership"** facciamo un viaggio attraverso quattro città in cui scoprire alcuni degli elementi, forse quelli un po' meno usuali e scontati, che caratterizzano sia la leadership sia le qualità di chi la esercita.

In attesa di intraprendere concretamente questo viaggio, iniziamo a farne uno qui, attraverso queste pagine, alla scoperta di otto parole.

Prospettiva

La prospettiva è un elemento fondamentale dell'arte figurativa, ma è anche un aspetto capace di determinare il tipo di realtà che osserviamo e con cui interagiamo.

Prospettive differenti di spazio e di tempo portano a vivere nel "qui e ora" adottando posizioni e operando scelte diverse. Posizioni e scelte che determinano il presente e disegnano il futuro, creando nuove e ulteriori prospettive.

La prospettiva genera se stessa attraverso le interpretazioni dell'uomo? Se ciò è vero, quali responsabilità impone l'osservazione e l'interpretazione delle prospettive?

Come può un leader decidere strategie e condividere una vision se non è cosciente della molteplicità delle prospettive all'interno delle quali ha deciso dove andare, come muoversi, cosa raggiungere? Qual è la prospettiva corretta?

Non esiste.

Nell'oggi si decide, si agisce, si vive; nel passato si analizza e si impara; per il futuro si progetta e ci si prepara all'evoluzione.

Stare nella prospettiva giusta vuol dire stare nel tempo giusto in base agli obiettivi di quel momento. Riflettere sulle diverse prospettive significa riflettere sull'Uomo e sulla sua capacità di interpretare la realtà da innumerevoli punti di osservazione.

Ruolo

Quanti ruoli interpretiamo nella nostra vita? Quanti e quali ruoli, talvolta, abbiamo la sensazione che confliggano tra loro? *Leader* è un ruolo o un modo di interpretare la vita?

Leader, un termine che spesso viene vissuto e descritto come sinonimo di capo.
Secondo il significato della parola "leader", che trova le sue radici nell'inglese "to lead", il leader è colui che guida, ma non necessariamente deve guidare qualcun altro; un leader è anche colui che è in grado di guidare se stesso, attraverso scelte e comportamenti consapevoli, responsabili, focalizzati sull'obiettivo.
Ecco quindi che *leader* non è un ruolo che si interpreta, è un modo di essere e di vivere la propria esistenza, indipendentemente dai ruoli che si ricoprono.

Duttilità

L'acqua, uno degli elementi più duttili e più lievi. Appena dopo l'aria, c'è l'acqua. Non si può vivere senza di loro.
Eppure, il management sembra nutrirsi di terra, considerata più forte, più concreta, più adatta al mondo del lavoro e del business.
Molti modi di dire delle imprese usano la terra come punto di riferimento: "stare con i piedi per terra", "scaricare a terra", "riportare a terra". Ma poi la terra può franare sotto la forza dell'acqua, può inaridire e diventare avara di frutti senz'acqua.
L'acqua supera ostacoli e scava la roccia più dura, attraverso la sua duttilità, la sua capacità di adeguarsi al contesto, la sua forza silenziosa, la sua costanza inarrestabile.
L'acqua è l'elemento femminile della leadership. È l'insieme delle caratteristiche che permettono al leader di affrontare i cambiamenti e gli ostacoli, l'indeterminatezza di questo periodo storico, le incoerenze della vita e dei contesti nei quali ci si confronta.
Senz'acqua si rischia di diventare troppo rigidi e aridi, di schiantarsi, di sgretolarsi e di non riuscire a far germogliare alcun tipo di idea.

Soglia

La soglia rappresenta un ingresso, e anche un limite.
Superare una soglia significa andare oltre il conosciuto e trovare il coraggio per vedere cosa c'è dietro la luce, cosa riserva l'ignoto.
Cercare una soglia significa cercare un confine, non per farsi limitare da esso, ma piuttosto per trovare la motivazione a oltrepassarlo e sperimentare nuove situazioni.
Oltrepassare una porta ed entrare in un mondo sconosciuto. Questo rappresenta la soglia.
Perdere certezze e accogliere il futuro misterioso e affascinante proprio perché ignoto.

Un leader è pronto ad andare oltre, a superare le barriere della sicurezza, delle abitudini, delle certezze; tutto ciò per esplorare, conoscere, sperimentare, provare, trovare e creare nuove esperienze.

Bellezza

La bellezza è cibo nutriente che dona vita alle nostre cellule, che galvanizza i nostri pensieri, che cura l'animo umano da sempre.

La bellezza è nella natura, è nell'arte, è nell'eleganza di un gesto o di un pensiero, è nella semplicità di una formula matematica, nella perfezione di un rigo musicale, nell'armonia di un verso poetico, nella fluidità di un'idea nuova.

Dalla bellezza nascono nuove opportunità ed è nella bellezza che riusciamo ad appassionare noi stessi e gli altri.

Un leader ha la capacità e il coraggio di creare idee e sogni talmente belli da far venir voglia agli altri di seguirlo.

La bellezza è nelle parole, nelle visioni di un futuro migliore, negli obiettivi straordinari, nelle azioni coerenti con i valori profondi, nelle idee che vogliono rendere il mondo un posto migliore in cui vivere.

Creatività

Creare idee, creare sogni, creare risultati, creare ricchezza, creare crescita e sviluppo, creare valore per sé e per gli altri.

Creare e non distruggere.

Ottenere successo attraverso la creazione di valore aggiunto e non attraverso la distruzione dei percorsi altrui.

Creatività non significa solo farsi guidare dall'ispirazione artistica, significa essere parte di un processo volto a dare vita a qualsiasi cosa o persona in questo mondo. Allora sì che siamo leader.

Lavoro

Fare il leader è un lavoro? Non si può "fare il leader"; leader si è.

È vero piuttosto che quando siamo leader, lavoriamo in una maniera efficace e finalizzata in cui l'impegno, la competenza, le abilità, la costanza, la determinazione diventano gli strumenti principali per il raggiungimento degli obiettivi.

Allora il lavoro diventa appassionante e contribuisce a rendere la vita di ognuno ancora più ricca e completa.

Mestiere

Quando l'arte viene applicata sul lavoro per creare prodotti di valore, questa diviene un mestiere.

Un leader, attraverso il suo mestiere, crea valore attraverso la crescita e lo sviluppo delle persone con cui si confronta, attraverso la sua stessa evoluzione, attraverso i risultati che ottiene, i quali apportano a loro volta ricchezza per chi ne beneficia.

> *Non si può "fare il leader"; leader si è.*
>
> *Un leader ha la capacità e il coraggio di creare idee e sogni talmente belli da far venir voglia agli altri di seguirlo.*

Manager: missione possibile

Nessuno di noi è nato con le conoscenze e le competenze adeguate a svolgere il ruolo di manager.
Esse si sviluppano attraverso lo studio, la formazione, l'esperienza sul campo e anche qualche errore (che non si vorrebbe fare, ma che aiuta sempre nella crescita di una persona).
Tante volte, quando si entra in azienda, si hanno conoscenze e competenze approfondite in uno specifico settore e lì, in quell'ambito, si riesce a dare il massimo valore aggiunto attraverso il proprio contributo.
Col tempo, aumenta l'esperienza e la conoscenza dell'azienda; si ottiene una visione d'insieme; si risolvono problemi complessi; si crea una rete interfunzionale di conoscenze; si collabora con i capi e si acquisiscono competenze più vaste che vanno oltre quelle specialistiche del campo d'azione.
È lì che spesso capita di ottenere la possibilità di ricoprire un ruolo di responsabilità e gestione di un team. Ed è a quel punto che possono iniziare i problemi.
Tutte le competenze e le esperienze accumulate sino a quel momento continuano a essere importanti, ma non sono più sufficienti.
Quali sono le competenze manageriali alle quali non si può rinunciare?
Scopriamole insieme.

Definire e assegnare gli obiettivi

Sì, perché è importante saper valutare e decidere dove si vuole arrivare, ma bisogna saper trasferire agli altri il nostro entusiasmo, la nostra determinazione e la nostra motivazione. Dobbiamo essere chiari nella spiegazione, dobbiamo argomentare le scelte e le decisioni in modo efficace ed accattivante, dobbiamo specificare ruoli, compiti e responsabilità, dobbiamo assegnare deleghe – se ne abbiamo l'opportunità e l'intenzione – dobbiamo, in poche parole, mettere il team nella condizione di poter avanzare verso l'obiettivo e anche fargli venire la voglia di buttarsi nell'impresa.
"Beh, la squadra deve lavorare. Le persone vengono assunte per questo motivo" potrebbe obiettare qualcuno. Ma tutti sappiamo la profonda differenza tra il fare perché si è obbligati, e il fare perché ne abbiamo voglia.

Quindi, non vale la pena di soffermarci ulteriormente.

Organizzare le risorse

Quando parliamo di risorse, le stiamo ricomprendendo tutte: il denaro, le attrezzature, il tempo, la tecnologia e, soprattutto le Risorse Umane, cioè le persone.

Fermarsi alle persone non è sufficiente perché bisogna creare le condizioni affinché esse possano esprimere al massimo il talento, la competenza, l'esperienza, le attitudini e la motivazione.

Non si tratta, perciò, di gestire ciò che abbiamo a disposizione; si tratta di chiederci: "Cosa serve?", e capire se è già tutto disponibile o se abbiamo la possibilità di procurarlo o svilupparlo.

Sappiamo molto bene che se aspettiamo di raggiungere le condizioni ideali prima di fare un passo, resteremo fermi per l'eternità, ma dobbiamo verificare che ci siano almeno le condizioni indispensabili.

Gestire le persone

Si usa definire "Gestione delle persone" un'attività che è molto più complessa, e dovrebbe essere molto più rispettosa nei confronti dei nostri collaboratori.

In cosa consiste?

Consiste nel capire, insieme a loro, quali sono le loro competenze, ma anche le loro aspettative, le loro attitudini e le loro passioni, per poter offrire loro un ruolo e un compito che possa rispondere al meglio alla loro personalità. Questo non per voler essere buoni a tutti i costi, ma per garantire a tutti, fino ad arrivare all'azienda stessa, la massima soddisfazione e il massimo risultato possibile.

Ma non è solo questo. Significa capire a quale livello di evoluzione e maturità professionale si trova ogni singola persona per scegliere lo stile di leadership più adeguato e per accompagnarla nel suo percorso di crescita.

Significa quindi non essere soltanto il capo, ma anche il coach della squadra per essere al suo fianco e guidarla verso il raggiungimento degli obiettivi e il successo personale.

Restituire i feedback

Sembra un'attività semplice, da fare con leggerezza. Invece ha bisogno di competenze specifiche, di sensibilità, di capacità e attitudine alla comunicazione, di spirito di osservazione, di apertura all'ascolto.

I feedback possono diventare grandi e potenti strumenti gestionali e di sviluppo personale e professionale.

Valutare i collaboratori

Anche questa dicitura, a rigor di logica, non è corretta. Noi non valutiamo mai i collaboratori; valutiamo sempre e soltanto i comportamenti e i risultati.

È una responsabilità grande che richiede specifiche competenze e anche il coraggio di esprimere una valutazione che, pur se attraverso metodi e strumenti rigorosi, non potrà mai prescindere da un elemento soggettivo.

Gestire i colloqui gestionali

Ci sono i momenti di comunicazione informale - sia essa operativa, strategica o conviviale - e poi ci sono i momenti formali di colloquio che servono a mettere dei punti fermi, a sottolineare una situazione o un comportamento, che devono far condividere scelte e decisioni che riguardano quella singola persona.

Anche in questo caso, non si possono improvvisare competenze di questo tipo. Il rischio di fare danni è alto e le conseguenze ricadono sulle spalle di tutti.

Assumersi la responsabilità della propria crescita personale

Essere manager vuol dire essere consapevole che non si finisce mai di mettersi alla prova e di imparare.

Un manager deve essere contraddistinto dalla curiosità intellettuale, dalla voglia di scoprire e di sperimentare; dalla disponibilità a studiare, a confrontarsi, a imparare e a cambiare idea; dalla apertura verso il nuovo e l'inesplorato e anche dalla disponibilità a sbagliare e ad accettare gli errori degli altri.

> *Essere manager vuol dire essere consapevole che non si finisce mai di mettersi alla prova e di imparare.*

Insomma, essere manager è impegnativo, è sicuramente una missione per agenti esperti, ma è di sicuro una missione possibile.

Il nuovo volto del leader gentile

Gentile deriva dal latino *gentilis*, della stessa famiglia; da *gens* formazione famigliare allargata, e da *gignere* generare; intendendo quindi il generato da un medesimo capostipite.

Se ne può dedurre che essere gentili significa comportarsi come appartenenti alla stessa famiglia; usare quel sentimento di fratellanza che riserviamo alle persone a cui vogliamo bene.

Questa è la gentilezza: tendere una mano verso chi è in difficoltà; regalare un sorriso a chi ci è vicino; rispettare il pensiero e il sentire di tutti. Sembrano cose semplici, eppure poi, nella vita di tutti i giorni, cadiamo vittime dei pregiudizi che ci allontanano dagli altri solo perché non la pensano come noi, oppure semplicemente lavorano in un ufficio diverso, o non hanno risposto del tutto alle nostre aspettative.

Quanto costa e quanto è pericoloso essere gentili? Quanto è difficile pensare che gli altri sono fatti esattamente come noi e, come noi, hanno bisogno di essere trattati con rispetto e con accoglienza?

La gentilezza è un boomerang: quando la inviamo agli altri, ci ritorna, riuscendo a moltiplicare le nostre energie e la nostra capacità di essere ottimisti e carichi di voglia di essere ancora più gentili.

La gentilezza, talvolta, viene descritta come l'espressione di una falsità di fondo, di una cortesia stucchevole e sdolcinata. Dalle persone che non usano la gentilezza nella loro comunicazione e nelle loro relazioni, capita di sentir pronunciare frasi di questo tipo: "Io sono una persona schietta, onesta. Dico pane al pane, e vino al vino, senza tanti fronzoli", come se rivolgersi con gentilezza agli altri fosse una caratteristica di coloro che creano relazioni false e superficiali.

Certo questa filosofia può rappresentare un bell'alibi: possiamo trattare male chi abbiamo intorno, e poi abbiamo anche il diritto - proprio in virtù della nostra mancanza di gentilezza - di autoproclamarci persone autentiche e oneste.

La gentilezza, più che un costo, rappresenta un ricavo. Ciò è vero per chiunque, ma in questo momento può avere un'importanza specifica per i leader che devono fronteggiare atteggiamenti mentali, attese ed esigenze nuove tra le persone dell'azienda. Vediamo come.

Il valore della gentilezza

Vivere guidati dal valore della gentilezza ci aiuta a sviluppare un atteggiamento positivo incondizionato nei confronti degli altri, ci rende più resilienti e ci permette di far maturare i nostri talenti e quelli degli altri, che vuol dire avere più possibilità di raggiungere i nostri obiettivi.

Diversi studi in ambito piscologico dimostrano che la gentilezza è correlata al benessere, alla creatività e alla stabilità relazionale.

Avere relazioni più positive significa non solo vivere con maggiore soddisfazione la nostra vita sociale, vuol dire anche creare una efficace rete di cooperazione e sostegno che può aiutarci a raggiungere le nostre mete e a superare le difficoltà.

La mancanza di gentilezza ci allontana dagli altri fino a relegarci in un allarmante individualismo, in un isolamento dannoso per tutti.

Viviamo nell'era della comunicazione, della collaborazione attraverso reti sociali reali e virtuali. Chi si allontana da questo sistema annulla il proprio ruolo e, nelle situazioni più estreme, anche se stesso.

Il capo temuto, guardato da lontano con reverenza, non può più esistere. È necessario adottare stili di leadership che si basino sul confronto, sull'ascolto, sul rispetto e sulla gentilezza.

La gentilezza è un atteggiamento estremamente elaborato e potente che, per essere reso concreto, necessita di competenze specifiche come l'empatia, la consapevolezza e la padronanza delle emozioni, l'assertività, il rispetto di sé e degli altri, un'alta intelligenza emotiva.

Cammina nei miei mocassini

Un antico insegnamento Sioux dice: *"Prima di giudicare qualcuno, cammina per tre lune nei suoi mocassini"*.

Potremmo dire che in queste poche parole si sintetizzano efficacemente gli elementi dell'**empatia**. È un po' come dire: "mettiti nei miei panni". L'empatia è infatti la capacità di capire ciò che sta provando il nostro interlocutore; non vuol dire che è necessario provare ciò che prova l'altro, è sufficiente capire.

L'empatia è la capacità che ci permette di ascoltare senza giudizio, di accogliere il pensiero altrui, di verificare i nostri punti di vista.

L'empatia è preziosa per instaurare e far evolvere relazioni sane e proficue per noi e per gli altri.

Padroni delle emozioni

Le **emozioni** sono il motore delle nostre azioni. Ciò accade sia quando le emozioni sono positive ed edificanti, sia quando sono negative e distruttive.

Non si tratta di reprimere le emozioni o di ignorarle. Quando le emozioni non sono vissute, mettono in atto la loro vendetta palesandosi attraverso il corpo che subisce gli effetti negativi di quanto abbiamo voluto negare.

Essere padroni delle emozioni significa riconoscerle, accoglierle, capire cosa stiamo provando e perché; significa perciò vivere in modo completo le nostre emozioni, con consapevolezza, anziché farci vivere dalle emozioni e rimanerne vittime impotenti.

> *La gentilezza è un boomerang: quando la inviamo agli altri, ci ritorna, riuscendo a moltiplicare le nostre energie e la nostra capacità di essere ottimisti e carichi di voglia di essere ancora più gentili.*
> *Le parole chiave della gentilezza:*
> *empatia, emozioni, assertività, autostima, Intelligenza Emotiva.*

Vivere le emozioni significa riuscire a guidare i nostri pensieri e le nostre azioni anche in situazioni di forte stress, in cui corriamo il rischio che la nostra gentilezza sia messa alla prova.

Da dove guardiamo gli altri

In quale posizione sentiamo di trovarci quando ci relazioniamo con gli altri? Ci sentiamo in posizione di superiorità, oppure di inferiorità? Oppure ci sentiamo allo stesso livello? Se questo ultimo caso rappresenta la nostra percezione quando siamo di fronte a un interlocutore, significa che siamo assertivi.

L'**assertività** si sperimenta quando sentiamo di essere sullo stesso piano della persona che abbiamo di fronte.

Quando ciò non accade significa che siamo in un rapporto di passività o di aggressività.

Essere assertivi vuol dire rispettare noi stessi e gli altri; in questo modo è più semplice confrontarsi e negoziare su idee e punti di vista diversi che sono ascoltati e accolti, diventando un'ottima base per raggiungere accordi utili per tutti.

L'autostima è la porta verso il rispetto dell'altro

Esistono molte definizioni di **autostima**, una delle più sintetiche e accettate è questa: *"Insieme dei giudizi valutativi che l'individuo dà di se stesso"*.
Ci sono tre elementi che concorrono a formare quasi tutte le definizioni di autostima:
- la capacità per la persona di auto-osservarsi e quindi di auto-conoscersi;
- la capacità di valutazione che permette un giudizio generale di se stessi;
- la capacità di valutare e considerare in modo positivo o negativo gli elementi descrittivi.

Se e quando non siamo in grado di dare valore a noi stessi, sarà molto difficile riuscire a dare valore agli altri. E se gli altri per noi non hanno valore, sarà ancora più difficile riuscire a relazionarci con loro con gentilezza.

Non esiste solo il QI

Ormai da molti anni abbiamo capito che il QI non è e non può essere considerato l'unico elemento attraverso cui misurare e valutare l'intelligenza di una persona.
Il famoso psicologo Howard Gardner ci parla di 9 diverse tipologie di intelligenza, e Daniel Goleman si focalizza in modo specifico sull'**Intelligenza Emotiva**: cioè la capacità di capire ed entrare in relazione con i nostri stati d'animo e con quelli degli altri, per permettere la nostra crescita personale e relazionarci in maniera efficace e costruttiva.

E quindi?

Quindi, quando si parla di gentilezza, non si sta parlando solo di buone maniere, della piacevole abitudine di accompagnare le nostre richieste con "per cortesia", "scusa", "grazie" e così via. Si parla di relazionarsi con gli altri con attenzione, apertura e disponibilità all'ascolto, con rispetto per loro e per le loro idee.
Essere leader gentili significa essere leader capaci di guidare il team verso il successo attraverso la soddisfazione e il benessere di tutti.

Basta leadership al femminile!

Affrontiamo un argomento che molto spesso è al centro di riflessioni, convegni e tavole rotonde: la leadership al femminile.
E se un giorno decidessero che non ha più senso affrontare questo tema in questo modo? Sarebbe un gran giorno.
Ogni volta che si parla di leadership al femminile, si sta implicitamente ammettendo che la leadership è qualcosa per cui le donne hanno bisogno di una formazione in più, di un'attenzione dedicata, di un occhio di riguardo. Invece non è così.
C'è la leadership e ci sono *i* e *le* leader.
Ogni persona, indipendentemente dal genere, ha inevitabilmente uno stile e un modo di interpretare la leadership; e questo dipende da moltissimi fattori, non solo la varietà di genere.

Femminino e mascolino

In ogni persona sono presenti elementi femminili e mascolini che emergono nei comportamenti, negli stili di pensiero, nei percorsi decisionali, nelle modalità relazionali e di comunicazione.
La cultura di provenienza, l'evoluzione sociale e storica, le credenze religiose, lo stile di vita e altre contaminazioni sociali portano le persone a indirizzare prevalentemente pensieri e comportamenti verso una delle due componenti.
Si creano così identità molto connotate e in un equilibrio imperfetto; stereotipi di un maschile e di un femminile che, naturalmente, sarebbero molto meno sbilanciati.
Ciò che succede nella vita di tutti i giorni si ripercuote inevitabilmente nel mondo del lavoro, portando a conclusioni errate sulle caratteristiche che dovrebbe avere un ruolo anziché un altro.
Ora si sta scoprendo il valore e la potenza della componente femminile nella leadership. La leadership non ha genere. Quando questa funziona davvero è un mix perfetto di elementi del femminino e del mascolino presenti in ogni essere umano.

Jung, gli archetipi e la leadership

Il famoso psichiatra e psicoanalista svizzero Carl Gustav Jung ha rappresentato, attraverso specifiche forme simboliche - gli archetipi - le tipologie delle diverse personalità e dei relativi comportamenti umani. Parlare di archetipi significa rifarsi a elaborazioni e rappresentazioni antiche dell'animo e delle caratteristiche delle singole persone che si trovano presenti a livello universale.

In essi è facile trovare e riconoscere elementi tipici della mascolinità e della femminilità, fusi e riuniti in modo complementare e armonico in un insieme complesso, eppure anche facilmente comprensibile.

Partendo da queste antiche basi di analisi e studio è possibile identificare come caratteristiche, temperamenti e atteggiamenti mentali tra loro diversi possono trovare un equilibrio e permettere di gestire con efficacia i fatti della vita, le relazioni con gli altri e anche con se stessi.

Un approccio inclusivo e, quindi, non divisivo, delle peculiarità del mascolino e del femminino può rappresentare un utile punto di partenza per creare un nuovo modo di intendere la leadership, non più subordinata a pregiudizi di genere.

> *In ogni persona sono presenti elementi femminili e mascolini che emergono nei comportamenti, negli stili di pensiero, nei percorsi decisionali, nelle modalità relazionali e di comunicazione.*

Dall'Arte alla Leadership

Perché partire dall'arte per parlare di leadership?
Possiamo vivere l'arte accettandola per quello che ci dà, godendone in maniera semplice, come farebbe un bambino, lasciando libere le nostre emozioni e permettendo loro di invaderci e poi emergere dal nostro corpo attraverso le lacrime, i sorrisi, i brividi, la leggerezza e qualsiasi manifestazione concreta di quello di cui ci siamo nutriti.
L'arte può arrivare a noi anche in maniera sottile, quasi impercettibile, scardinando i nostri pensieri, portando nuove intuizioni, illuminando angoli della mente e del cuore in ombra sino a quel momento. Questa è la caratteristica più potente dell'arte. Talvolta basta una parola, la sfumatura di una pennellata, una nota, un'ombra creata dal marmo che sembra vivo… e succede il miracolo. Noi non siamo più gli stessi e il mondo inizia a girare a una velocità diversa, una velocità più in sintonia con noi, una velocità che ci permette di ascoltarci meglio, di vedere di più, di pensare in modo creativo.
Ecco perché l'arte può diventare strumento ispiratore per uno dei ruoli più delicati e impegnativi che possa assumersi una persona: essere leader.

L'arte

Da sempre l'arte ha rappresentato lo strumento attraverso il quale il genere umano ha trovato il modo di esprimere se stesso. Noi umani siamo molto di più dei nostri corpi, dei nostri pensieri, delle nostre azioni e delle nostre relazioni.
Dentro ognuno di noi c'è un universo infinito che vive e si rinnova costantemente; non si tratta soltanto di emozioni: è l'arte, indipendentemente dal fatto che noi siamo artisti, o appassionati d'arte, o esperti d'arte, o assolutamente insensibili all'arte.
L'arte ci parla, anche se non siamo mai in contatto con essa; l'arte ci ascolta e ci muove, e si muove al nostro interno, ci nutre e si nutre di noi.
È proprio questo continuo passaggio osmotico tra noi e l'arte che rende ogni persona figlia dell'arte e, contemporaneamente, creatrice di arte.
Hai un colore preferito? C'è un suono della natura che riesce a rilassarti? C'è un materiale che, più di un altro, ami "sentire"? preferisci la pietra o il marmo? Trovi più gradevole passare una mano sul velluto o su una lana spessa?

Questo c'entra con l'arte? Forse no. È comunque un richiamo a questa nostra straordinaria e misteriosa capacità di entrare in contatto con ciò che parla a una parte sconosciuta di noi, anche se non siamo artisti.

La leadership

Spesso vediamo quelle immagini che, con un semplice disegno stilizzato, mostrano la differenza tra un manager e un leader. In quelle rappresentazioni grafiche, il manager è posto dietro alla sua squadra e la incita a proseguire verso l'obiettivo; il leader invece è rappresentato davanti alla squadra per guidarla lungo il cammino.
La differenza non è così semplice. E forse sarebbe anche ora di smettere questo gioco del "trova le differenze".
Il manager fa un lavoro, il leader è.
Un leader può fare il manager, ma può fare anche il panettiere, o il sarto, o l'operaio, o il medico, o il cantante.
Eppure a nessuno viene in mente di chiedersi qual è la differenza tra un leader e un cantante, o tra un leader e un panettiere.
Dove sta un leader? Non c'è una sola posizione in cui deve stare un leader. Può stare davanti alla squadra e guidarla, mettere per primo il piede sul sentiero per essere sicuro che il percorso sia sicuro. Il leader può essere l'ultimo della squadra per osservare, per capire, per comprendere come la squadra vive e interagisce, quali dinamiche si creano, che aria si respira. Il leader può stare di fronte alla squadra, per guardare le persone negli occhi, parlare con loro, ascoltarle e provare empatia, e anche per proteggere loro le spalle. Il leader può stare a fianco di ogni persona della squadra e capire con questa le esperienze che vive, le difficoltà che incontra, le tensioni a cui è sottoposta. Il leader può sorvolare la squadra per avere orizzonti più ampi e poter fare strategie.
Essere leader significa saper cambiare costantemente punto di vista; mettersi in discussione; non dare nulla per scontato; aver sempre voglia di imparare e di migliorarsi; non accontentarsi del bene e cercare il meglio, per sé e per gli altri; non cercare la perfezione, e tendere invece all'eccellenza.
Per essere leader bisogna essere ispirati. Bisogna essere artisti.

Dall'arte alla leadership

Entrare in contatto con l'arte e riuscire a respirarla, a sentirla, a farsene contaminare è una straordinaria esperienza di vita e di crescita; quindi è un meraviglioso allenamento alla leadership.

> *Il manager fa un lavoro, il leader è.*
> *Un leader può fare il manager, ma può fare anche il panettiere, o il sarto, o l'operaio, o il medico, o il cantante.*
> *Eppure a nessuno viene in mente di chiedersi qual è la differenza tra un leader e un cantante, o tra un leader e un panettiere.*

I significati dello spazio

Il nostro spazio

La vita ha bisogno di spazio. Il primo spazio che ognuno di noi ha rivendicato è quello dentro il grembo materno. Il corpo della donna si adatta e si amplia per accogliere la nuova vita che sta generando; per proteggerla e custodirla fino a quando non è completamente formata.

Quello è il nostro primo spazio, buio e un po' angusto, ma adeguato a quella iniziale esperienza di esistenza.

Da quando veniamo alla luce (nel vero senso della parola) lo spazio a nostra disposizione si amplia a dismisura e noi, in ogni momento della vita, ne occupiamo una porzione, più o meno grande, più o meno significativa, più o meno adeguata.

Siamo abituati a dare per scontato lo spazio, eppure talvolta non è sempre disponibile tutto lo spazio di cui sentiamo il bisogno, sia in termini quantitativi sia in termini qualitativi.

Lo spazio, infatti, quasi subito dopo la nascita, evolve. Non si tratta più solo dello spazio dove stare, diventa lo spazio in cui muoversi, in cui poter fare esperienze; lo spazio da esplorare, da conquistare, da delimitare e strutturare a nostra immagine e somiglianza. È lo spazio delle nostre case, dei nostri uffici, delle città dove viviamo, del nostro Paese.

Quando lo spazio ci accoglie, ci sentiamo bene, protetti, a nostro agio. Lo spazio è un elemento importante del nostro benessere.

Lo spazio non è soltanto quello fisico, è anche quello mentale; è il luogo in cui nascono le nostre idee, i nostri progetti, le nostre convinzioni. È in questo spazio che abbiamo percezione di noi, della nostra diversità rispetto a tutto il resto, cioè rispetto a tutto quello che occupa spazi diversi dal nostro.

Parlare di spazio può far pensare che si stia affrontando un tema esterno a noi, invece, parlare di spazio è strettamente collegato a chi siamo noi, a chi pensiamo di essere, a quanto ci sentiamo piccoli o ingombranti, a quanto immaginiamo di poterci espandere.

Lo spazio della crescita

Quanto spazio abbiamo a disposizione per crescere? C'è un limite invalicabile oltre il quale non ci è permesso accedere? Quanto spazio pensiamo di aver esplorato durante tutte le esperienze della nostra esistenza?

Lo spazio della crescita è infinito, talmente ampio che ogni volta che ne calpestiamo una porzione, esso aumenta più che proporzionalmente rispetto a quanto ne abbiamo scoperto. Ogni porta che apriamo ci conduce in una nuova dimensione esistenziale piena zeppa di altre porte di cui prima non riuscivamo nemmeno a immaginare l'esistenza.

Ogni volta che ci arricchiamo di un'esperienza, lo spazio al nostro interno si dilata e si predispone ad accogliere nuovi saperi, nuove domande, nuove modalità di interpretare noi stessi, gli altri e tutto quanto di cui abbiamo coscienza.

Gli spazi della nostra crescita sono tanto ampi quanto noi siamo disposti a uscire dalla nostra zona di comfort, cioè dalla zona che conosciamo e nella quale ci sappiamo muovere riuscendo a immaginare con buona approssimazione le conseguenze dei nostri comportamenti. Ogni volta che decidiamo di voler imparare, dobbiamo uscire da quello spazio conosciuto e addentrarci nell'avventura della conoscenza di qualcosa di nuovo, in cui il rischio aumenta a favore di uno spazio più ampio in cui confrontarci con realtà sino a quel momento sconosciute.

Quando manca lo spazio

E quando le condizioni esterne ci tolgono lo spazio? Quando le porte sono sprangate? Quando ci sembra di avere a disposizione spazi sempre più angusti?

Allora forse è ora di abbattere i muri, con tutta la forza e le risorse di cui disponiamo, anche a costo di procurarci qualche ferita.

La vita è fatta per espandersi, e l'espansione ha bisogno di spazio. Quando le pareti dell'ignoranza, dell'abitudine stupida e sterile, della coercizione, della paura verso il nuovo e il diverso, dell'ottusità chiudono ogni possibilità di ampliare i confini dell'esperienza, allora non si può accettare rassegnati una condizione di vita che toglie significato a uno dei valori fondamentali della vita stessa.

Purtroppo, talvolta queste barriere sono alzate dalle persone stesse che, in nome di una comodità intellettuale e di una sicurezza apparentemente appagante, si rinchiudono in una prigione che, giorno dopo giorno, diventa sempre più buia e angusta, toglie forza e vitalità, spegne il pensiero e rallenta l'energia.

Il rischio è vivere percorrendo il proprio cammino in un perpetuo calpestio di cerchi concentrici sempre più piccoli, fino a raggiungere l'annichilimento completo dell'essere. Lo spazio allora diventa inutile, elemento non cercato e non voluto, mera espressione di una ricerca vana, destinata soltanto alla comprensione della contemporanea grandezza e piccolezza di ogni essere umano.

Lo spazio della leadership

Anche essere leader richiede spazio. È un ruolo che ha bisogno di potersi esprimere attraverso l'azione e il movimento, attraverso un pensiero vivace e in continua evoluzione. La leadership deve essere mantenuta giovane e ricca di energie; gli ambienti chiusi e claustrofobici non le si addicono.

Una leadership sempre uguale a se stessa involve, si abbruttisce e diventa sterile esercizio di potere. Per poter garantire la sua costante evoluzione, deve potersi muovere all'interno e all'esterno del suo stesso ruolo; deve confrontarsi con la sua stessa natura e mettersi in discussione ogni volta che viene espressa. Necessita di porsi in contatto con l'altro per capire e farsi capire, per decidere, per perseverare e per desistere, per guidare e per spingere, per stare davanti alle persone, ma anche al loro fianco.

Ecco quindi che serve lo spazio adeguato, per poterlo riempire di idee, di ascolto, di sfide, di comprensione, di curiosità e di rispetto.

Senza spazio, un leader è costretto a fermarsi, e quando si ferma, inevitabilmente, non può procedere in alcuna direzione.

Lo spazio della sperimentazione

Si impara sperimentando, per capire le leggi che regolano gli eventi, o per accorgersi dell'impossibilità di spiegare ogni aspetto della vita.

Non si può sperimentare all'interno delle nostre gabbie mentali, chiusi nei recinti delle abitudini e del "si è sempre fatto così", intrappolati in dogmi di varia natura senza la libertà di poterli smontare. Bisogna uscire e guardare oltre, farsi domande sempre nuove, sbagliare, imparare e imparare a disimparare.

Creiamo i nostri spazi, ampliamoli continuamente e proteggiamoli da chi cerca di ridurli o di confinarli all'interno di demarcazioni pericolose.

Leggere, ascoltare, indagare continuamente, farsi trasportare dalla curiosità di sapere: questi sono i martelli che abbattono le barricate dell'ignoranza e creano gli spazi dell'evoluzione umana.

> *Senza spazio, un leader è costretto a fermarsi, e quando si ferma, inevitabilmente, non può procedere in alcuna direzione.*

IL TEMPO DELL'ESTATE

La rubrica "Estate 2023"

Estate 2023

Durante l'estate di quest'anno, nelle nostre pagine social abbiamo curato la rubrica **"Estate 2023"**, un appuntamento per condividere qualche riflessione su di noi, sulla vita, sulla nostra professione, partendo da parole in qualche modo legate alla stagione estiva, alle vacanze e ai viaggi.

Il gioco è stato quello di prendere spunto dalle lettere che compongono proprio il titolo della rubrica, compreso l'anno scritto in lettere.

Qui non riportiamo tutti i post (che puoi trovare nelle nostre pagine Facebook e LinkedIn), bensì gli articoli collegati a quei post, pubblicati sul blog del nostro sito.

Sarà un modo per condividere qualche pensiero e, forse, ricordare il periodo di ferie dei mesi estivi.

Le parole di "Estate 2023"
Estate - Energia - Entusiasmo - Elasticità
Semplice - Spazio - Silenzio - Sfida - Storie
Tecnologia - Tempo - Tramonti - Treno - Temporale
Àncora - Alba - Attesa - Arcobaleno - Alpenstock
Terrazza - Tavolini - Terra - Tabbouleh - Trolley
Enigma - Esplorazione - Equitazione - Eremo - Esperienze
La fiaba di come Duemilaventitre guarì dalla depressione

Estate - Energia - Entusiasmo - Elasticità

Quattro parole che fanno pensare inevitabilmente al periodo più rovente e più festoso dell'anno, ma possono aprirsi anche a riflessioni di altro livello.

Estate
È il tempo del sole, della libertà, delle vacanze, della luce che sembra non stancarsi mai.
È il tempo del raccolto e delle feste.
L'estate è il momento in cui si prende ciò che si è seminato, e lo si fa con gioia e con leggerezza. È il tempo del riposo, indotto anche dal sole cocente che induce alla lentezza.
L'estate regala a piene mani e poi, giorno dopo giorno, si spegne; si ritrae e si mette in disparte, quasi timidamente, diventando meno forte ed abbagliante, facendo arrossire di pudore per l'esagerata sfrontatezza le chiome degli alberi. Lascia spazio alla sera che diventa più fresca e più presente, fino a sciogliersi nelle nebbie e nella pioggia dell'autunno.
Questi sono i ritmi della natura che guidano i ritmi della vita e della civiltà. Qual è la nostra estate? Quanto dura? Quando arriva, siamo pronti a raccogliere i nostri frutti? E, soprattutto, abbiamo seminato e ci siamo presi cura del terreno in modo da avere un raccolto abbondante?
Ciò può valere per noi come esseri umani, e per noi come professionisti, coi nostri ruoli di manager, di leader, di specialist. Ci accorgiamo della nostra estate? Ci prepariamo alla nostra estate? Siamo disposti a prendere consapevolezza che c'è un autunno ad attenderci?
L'autunno può essere affascinante, misterioso e magico, se solo sappiamo interpretarlo e viverlo non cercando in esso qualcosa che non è in grado di offrire.

Energia
La fisica definisce l'energia "la grandezza che misura la capacità di un corpo o di un sistema fisico di compiere lavoro, a prescindere dal fatto che tale lavoro sia o possa essere effettivamente attuato".
Qual è la nostra energia? Come la manifestiamo? Quali sono le situazioni in cui essa sembra pervadere tutto il nostro essere?

In estate, l'energia pare moltiplicarsi. Non è solo un fatto psicologico; la luce aumenta la nostra predisposizione allo stato di veglia e ci pone in un atteggiamento psico-fisico di maggiore attitudine positiva verso noi stessi, verso le persone e tutto ciò che è intorno a noi.

Non è un caso che tutte le attività intellettuali, i progetti per il futuro e le strategie per l'anno successivo posino le loro prime pietre proprio agli inizi dell'autunno, dopo aver incamerato una buona dose di energia estiva.

Quanto dura, però, la nostra energia? I tempi di assuefazione al ritorno alle attività quotidiane è sempre più breve. Sembra quasi ci sia una specie di sottofondo malinconico che emerge non appena termina il periodo di riposo estivo.

Dobbiamo trovare il modo di mantenere alto il livello di energia, anche quando la nostra vita di ufficio riprende; dobbiamo trovare motivazione e voglia di fare anche quando fa freddo, anche quando il sole ci fa compagnia per poche ore al giorno. E se l'energia dipendesse dal significato e dal valore che riusciamo ad annettere a ciò che facciamo? Se la nostra vita diventasse un'estate perenne?

Entusiasmo

Un viaggio, una vacanza, una parentesi di novità e di allontanamento dalla routine quotidiana possono rappresentare per molti di noi un ricostituente per il nostro entusiasmo.

L'estate è il momento giusto per abbandonare vecchie abitudini e tuffarci nella gioia del cambiamento. Quando l'entusiasmo sostiene i nostri cambiamenti, questi diventano più leggeri, più semplici; ci appaiono più alla nostra portata.

L'entusiasmo genera altro entusiasmo e ci consente di vedere la realtà con occhi nuovi. Può sembrare che l'entusiasmo sia un filtro che distorce la realtà e la restituisce al nostro sguardo con una sfumatura più dolce. Chi ha detto che tutto ciò che intimorisce, preoccupa e pare essere schiacciato dai peggiori auspici sia la realtà? Anche quella è una distorsione creata da presupposti diversi, ma pur sempre una distorsione, che non ci mette nella migliore condizione per progredire.

Allora, consapevoli del fatto che la realtà è sempre percepita attraverso i nostri filtri, tanto vale usare quelli che ci donano forza, intraprendenza, energia e, appunto, entusiasmo.

Elasticità

Il vocabolario ci spiega che l'elasticità è la "capacità di muoversi con facilità e leggerezza; agilità".

Si era più elastici quando si era bambini o adolescenti. Col tempo, l'elasticità e l'agilità diminuiscono e, talvolta, spariscono del tutto.

Non si riesce più a stare seduti sulla sabbia a giocare con figli e nipoti, men che meno ci si sente pronti per una bella e rinvigorente nuotata, o per una escursione in montagna.

E se questa fosse una storia che ci raccontiamo?

Se abbiamo l'immenso dono della salute (ma questo può non essere direttamente proporzionale all'età), possiamo mantenere un ottimo livello di agilità anche se non siamo più teenager. È sufficiente mantenere il nostro corpo allenato e non farci assalire dalla pigrizia o, peggio ancora, dalla credenza limitante che "ormai, non me lo posso più permettere".

Oltre all'elasticità fisica, c'è l'elasticità intellettuale che, dopo le vacanze, è ancora più importante nel mondo del lavoro. Significa rendersi conto che il nostro punto di vista non è l'unico interessante e corretto, che le cose possono essere fatte in molti modi, che chi la pensa diversamente da noi è il nostro vero valore aggiunto.

Anche per mantenere questa agilità è importante fare allenamento costante!

Qual è la nostra estate? Quanto dura? Quando arriva, siamo pronti a raccogliere i nostri frutti? E, soprattutto, abbiamo seminato in modo da avere un raccolto abbondante?

Semplice - Spazio - Silenzio - Sfida - Storie

Cinque parole che possono vivere in estate, ma che vanno bene per tutte le stagioni: semplice, spazio, silenzio, sfida, storie.

Cinque parole che possono cambiare il corso e la qualità di una vita in base a come vengono interpretate e a come vengono vissute.

Semplice

Dalla sua etimologia, "semplice" significa "piegato una sola volta"; quindi, non liscio e piatto, bensì qualcosa che ha comunque necessità di essere scoperto e capito, senza però perdersi in un dedalo di possibili e tortuose combinazioni interpretative.

Talvolta si pensa che la semplicità sia sinonimo di banalità, che invece ha tutt'altro significato. "Banale" trova le sue radici nel francese *"ban"*, il proclama del signore feudale - molto simile al nostro "bando" - che veniva reso comune e noto a tutto il villaggio. Banale, perciò, è qualcosa di conosciuto da tutti, di scontato, privo di novità e di originalità.

"Semplice", invece, ha tutto un altro carattere e un altro intendimento. Dentro a quel foglio piegato ci può essere di tutto: una lettera preziosa, un pensiero, un sentimento, un intento, un segreto. Per scoprire cosa dimora dentro a quella semplicità bisogna avere voglia e disponibilità di aprire quella piega.

Ecco allora che la semplicità si dispiega e può parlare di sé per farci avvicinare a un universo che potrebbe essere ben lontano dal banale, potrebbe essere apportatore di creatività e di originalità, di pensieri profondi, di intuizioni geniali, o anche "solo" di una parola gentile.

Quanto sono semplici le nostre vite? E, soprattutto, quanto ci impegniamo noi per renderle tali?

"Ho gettato via la mia tazza quando ho visto un bambino che beveva al ruscello dalle proprie mani."

Socrate

Spazio

È un'epoca di mancanza. Mancano possibilità, manca tempo, manca serenità, mancano relazioni, manca energia ed entusiasmo. E, se ci pensiamo bene, tutto ciò può essere ricondotto allo spazio.

Lo spazio non è certamente solo quello fisico o geografico; può essere creato dal tempo, o può essere ancora un nostro stato dell'essere che nasce dalla personale interpretazione della realtà. Possiamo sentirci compressi in situazioni claustrofobiche anche se, di fatto, potremmo muoverci come meglio crediamo; possiamo percepire una mancanza di stimoli e opportunità perché non riusciamo a lanciare il nostro sguardo oltre un confine e un limite che talvolta abbiamo creato noi stessi, o abbiamo permesso ad altri di creare. Possiamo invece riuscire a creare spazi anche dove sembra che non ce ne siano, grazie alla nostra capacità di interpretare i fatti e le situazioni in modo non convenzionale, rivoluzionando i nostri paradigmi e superando le credenze limitanti.

Perché, stanti le stesse condizioni di partenza, qualcuno riesce a percorrere distanze infinite e qualcuno si sente intrappolato in uno spazio angusto e avaro di possibilità di alcun genere?

Lo spazio è quello in cui ci diamo la libertà di vivere, è la nostra mappa mentale in cui decidiamo di muoverci. E questa mappa può essere sconfinata o stretta come una prigione.

Diamoci spazio, e diamo spazio a chi vive insieme a noi, sia in famiglia sia nel lavoro, aiutiamo noi stessi e gli altri ad allargare i nostri orizzonti per scoprire infinite strade da percorrere.

"Potrei vivere nel guscio di una noce, e sentirmi re dello spazio infinito."
William Shakespeare

Silenzio

Attraverso il silenzio si ascolta, e attraverso l'ascolto si entra in relazione con l'altro. Quando ascoltiamo, stiamo donando noi stessi agli altri; stiamo permettendo a chi parla di trovare una porta aperta, di entrare nella nostra vita e contaminarla col proprio pensiero. Ed è dal confronto con le vite altrui che nasce qualcosa di nuovo.

Quando ascoltiamo, in silenzio, stiamo facendo un dono anche a noi stessi, stiamo cibando la nostra mente con idee che non ci appartengono e le stiamo mescolando alle nostre. L'ascolto è apertura, accoglienza, ma anche nutrimento e fiducia.
Se non ci fossimo aperti al mondo lasciando che l'aria entrasse nei nostri polmoni, non saremmo sopravvissuti alla nostra stessa nascita.
Il silenzio e l'ascolto che ne deriva sono l'aria della nostra mente. Oltre a un inquinamento acustico fatto di rumori molesti e assordanti, ce n'è anche uno fatto di confusione e sovrabbondanza di messaggi che arrivano continuamente.
Abbiamo bisogno di silenzio per capire, per pensare, per prendere coscienza di noi stessi e del mondo che ci circonda, per decidere, per scegliere la nostra strada.
Le nenie noiose e ripetitive che accompagnano i giri in giostra non posso prometterci altro che non sia girare in tondo attorno a un punto fisso, senza arrivare in nessun posto.

"Lei ha il gran dono del silenzio, Watson [...], il che fa di lei un compagno impareggiabile."

Sir Arthur Conan Doyle

Sfide

Talvolta, specialmente nel mondo del business, la parola "sfida" è eufemisticamente usata per non nominare una parola tabù: "problema".
Tuttavia, il significato di queste due parole è profondamente diverso, addirittura opposto, perché esse descrivono due situazioni che hanno origini tra loro incompatibili.

Il problema ci trova soggetti passivi. I problemi ci arrivano, sin dai tempi della scuola primaria (o scuola elementare, per chi ha qualche anno di vita sulle spalle); l'insegnante propone un problema e gli scolari hanno il compito di risolverlo.

La sfida, invece, ci vede protagonisti. Le sfide vengono lanciate o accolte; chi si getta in una sfida desidera vivere quell'esperienza, anche se pericolosa sino all'inverosimile.

Questo diverso atteggiamento mentale crea condizioni di entusiasmo, di determinazione, di coraggio e di intraprendenza assolutamente diverse.

È chiaro che possiamo decidere noi chi vogliamo essere e cosa vogliamo fare. Siamo pronti per le sfide oppure preferiamo districarci in mezzo ai problemi?

Ma, soprattutto, quali sono le sfide che ci appassionano? Possiamo amare la competizione con gli altri e divertirci nella corsa di velocità per arrivare primi; oppure ci piace alzare l'asticella per riuscire a saltare sempre più in alto e battere il nostro stesso record.

Non c'è una soluzione migliore di un'altra; non c'è una filosofia di vita più virtuosa. L'importante è trovare lo sport più adatto a noi e impegnarci in quello, con tutta la dedizione e l'entusiasmo possibili.

"Il valore, quando è sfidato, si moltiplica."

Lucio Anneo Seneca

Storie

La vita può essere un continuo e inutile susseguirsi di giornate che si accatastano in un semplice ordine cronologico, oppure può diventare una storia meravigliosa.

Aggiungere giorni alla vita significa ammucchiare esperienze; come quando da ragazzini facevamo la raccolta delle cartoline, o delle figurine. C'era l'entusiasmo del nuovo arrivo, e poi, però, alla fine, la cartolina nuova veniva appoggiata sopra alle altre, nascondendole, condannandole a essere presto dimenticate.

Poi, un certo giorno della nostra vita, abbiamo fatto ordine in soffitta, abbiamo preso tutta quella carta impolverata, l'abbiamo forse degnata di uno sguardo un po' romantico e un po' imbarazzato e, subito dopo, l'abbiamo buttata nel cestino della raccolta differenziata.

Invece, quando la vita è una storia da narrare, essa diventa un capolavoro, indipendentemente da cosa succede nella trama.
E ogni vita, a seconda di come viene letta e interpretata, a seconda di quello che abbiamo trovato dentro come insegnamento, a seconda di quante persone riusciamo a ricordare come co-protagonisti, può diventare una serie infinita di storie, tutte avvincenti e tutte da ricordare.
Tu, come narri la tua storia?

> *"Quando lavoro al circolo dei miei, mi capita di sentire le chiacchiere dei vecchi che giocano alle carte. E allora ci sono quelli che parlano del tempo e quelli che raccontano le storie. Cose che gli sono successe da giovani, che ne so. E devi vedere come se le ricordano, gli si illuminano gli occhi!*
> *A quelli che parlano del tempo, invece, gli occhi non gli si illuminano mai. Senti, Tropea, lo sai che ti dico? che io da vecchia mi vedo coi nipotini miei che gli racconto le storie, tipo di quando ho incontrato quattro tizi che stavano attraversando a piedi la Basilicata. E che se avessi potuto, l'avrei attraversata pure io."*
> *Tratto dal film "Basilicata coast to coast"*

Quando la vita è una storia da narrare, essa diventa un capolavoro, indipendentemente da cosa succede nella trama.

Tecnologia - Tempo - Tramonti - Treno - Temporale

In questo capitolo, di fatto, parliamo del tempo, partendo da accezioni e punti di vista tra loro diversi, ma comunque sempre riconducibili al nostro rapporto col trascorrere della vita, con la consapevolezza e la valorizzazione delle nostre esperienze e delle opportunità che ci arrivano, con la nostra capacità di stare nell'oggi, pur imparando dal passato e traguardando il futuro.

Tecnologia

Talvolta si parla della tecnologia come se fosse qualcosa di esterno rispetto alla nostra vita; una specie di marziano che possiamo decidere di accettare, che possiamo vivere come un nemico invadente o come il salvatore capace di qualsiasi miracolo.

La tecnologia non è altro che la tecnologia, il risultato dell'evoluzione della ricerca scientifica applicata alla tecnica. Questa ci consente di fare cose che una volta non riuscivamo nemmeno a immaginare, oppure di farle con un grande risparmio di tempo, di denaro e di altri tipi di risorse. La tecnologia può migliorare la qualità della nostra vita, sia in ambito personale sia in ambito professionale.

Il problema non è la tecnologia, il problema può essere rappresentato da come la usiamo, dall'importanza che le annettiamo, da quanto riusciamo a gestirla e sfruttarla piuttosto che finire per esserne gestiti e sfruttati.

In questo periodo, pur non essendo certamente un argomento nuovo, si parla molto di Intelligenza Artificiale, capace di fare ragionamenti, di decidere, di imparare, di migliorarsi in modo autonomo attraverso gli errori commessi, di sostituire l'essere umano in un numero impressionante di attività.

Tanti sono i quesiti che seguono questa strada dell'evoluzione tecnologica, non ultimi quelli legati all'etica e alla morale del lavoro e dell'interazione umana.

Per ora, c'è ancora una differenza sostanziale che tutela l'Uomo rispetto alla tecnologia: qualsiasi forma di Intelligenza Artificiale, anche la più sofisticata, non è ancora in grado di porsi domande esistenziali.

Tempo

Tempo da vivere, tempo da ricordare, tempo da aspettare e da organizzare. Potremmo andare avanti con questo gioco per almeno una pagina, ma sarebbe forse tempo perso. Sul tempo si organizzano conferenze e attività formative, si scrivono libri, trattati, poesie e canzoni; si parla del tempo e ci si relaziona costantemente col tempo. Ma qual è il tempo che incide veramente nella qualità della nostra vita?

Dipende.

Quello passato si scioglie nei ricordi, ampliando o riducendo le sue dimensioni e, soprattutto, raccontandoci una storia – nostra e degli altri – filtrata dalle percezioni e dalle emozioni di allora. Il tempo passato può diventare un grande alleato, come può essere il nostro peggiore detrattore. Dipende da quale tempo scegliamo di ricordare, da quali giorni e da quali anni vogliamo includere nella nostra narrazione, attraverso la quale far diventare il tempo passato una fonte di crescita e ispirazione, oppure un pesante fardello fatto di delusioni e di difficoltà.

Il tempo futuro può celare la stessa magia; può essere un insieme di traguardi e soddisfazioni da raggiungere, oppure può diventare fonte di ansia e di preoccupazione. Sappiamo perfettamente che le difficoltà ci saranno e che qualche problema, inevitabilmente, arriverà. Sta a noi decidere dove focalizzare l'attenzione: sugli obiettivi o sugli ostacoli. Sulla base delle nostre scelte, cambia anche la percezione del tempo a disposizione e di come poterlo impiegare.

Per il qui e ora, è una questione di consapevolezza, di dare valore al momento, di riuscire a rimanere concentrati su ciò che stiamo facendo per non disperdere attenzione ed energie, per non correre il rischio di fare in maniera superficiale e poco efficace quello che ci compete ora, distolti dallo stress per il passato o dall'ansia per il futuro.

Tramonti

Il tramonto è spesso utilizzato come metafora della fine, o almeno della decadenza. Pur accogliendo in sé immagini che evocano emozioni romantiche e suggestive, è comunque il simbolo della parabola discendente.

Ma ciò che finisce può rappresentare una preziosa opportunità per fare spazio al nuovo, sia in termini di azioni e progetti, come anche di modi di pensare e di atteggiamenti mentali.

Se non si fa spazio, non c'è modo di apportare novità; e lo spazio può essere rappresentato dal porre termine ad attività o impegni che non ci soddisfano o non ci appassionano più, dall'abbandonare abitudini poco funzionali al raggiungimento dei nostri traguardi, dal permetterci di accantonare idee, paradigmi e convinzioni che non ci rappresentano più o non sono in linea con le mete che vogliamo raggiungere.
Insomma, il tramonto può essere sinonimo di preparazione al cambiamento.
E come gli splendidi tramonti che ammiriamo in riva al mare, quando il sole si tuffa nell'acqua infuocata, o in montagna, dove il sole si nasconde arrossendo dietro i massicci rocciosi, così anche i nostri tramonti possono diventare spettacolari. Ciò vuol dire che porre fine a qualcosa può essere fatto con gioia, con soddisfazione, con gratitudine per ciò che ci ha permesso di essere le persone che siamo oggi.
Il tramonto, del resto, non denigra o rinnega la giornata trascorsa; è anzi la spettacolare celebrazione di un giorno che si chiude, in attesa di vederne sorgere uno nuovo.

Treno
"È un treno da prendere al volo!"
Quante volte ci è capitato di dire o di sentir dire una frase di questo tipo? Di solito ci si riferisce a opportunità da non perdere, di quelle che capitano una sola volta nella vita, o poco più.
Sicuramente è così, ma la domanda che forse vale la pena di farsi può anche essere: "Sì, ma dove passa questo treno?".
Le opportunità non sempre (quasi mai) arrivano sotto casa e ci suonano il campanello; del resto, per prendere un treno, bisogna andare in stazione, preoccuparsi di conoscere l'orario in cui arriva e parte, acquistare il biglietto, ed essere assolutamente sicuri di andare nella stazione giusta.
Fuori di metafora, vuol dire che per cogliere opportunità e far fare un salto di qualità alla nostra vita – sia essa in ambito personale o professionale – dobbiamo mettere in moto la nostra proattività; non si tratta soltanto di cogliere le occasioni, ma anche di cercarle, se non addirittura di crearle.

Temporale
I temporali sono esplosioni degli elementi; talvolta sono improvvisi e anche violenti;

talvolta non lasciano grandi strascichi, altre volte fanno danni gravi; accade anche che, dopo un temporale, l'aria risulti più fresca e leggera, i colori più vividi, l'energia come rinnovata.

Alla stessa maniera, può capitare qualcosa di simile, dopo un confronto acceso, addirittura uno scontro con un'altra persona. Non sempre la gestione di un conflitto porta a una rottura, anzi, può permetterci di scuotere un po' di polvere da un rapporto logoro, appoggiato sui non detti, sui pregiudizi, sulle questioni non risolte.

Certo è che l'evoluzione di un conflitto non è la conseguenza del caso; molto dipende da come noi reagiamo emotivamente ad esso e da come sappiamo gestirlo.

Ci possono essere delle parole chiave utili per aiutarci a gestire le situazioni di tensione relazionale:

- **ascolto**. Quando ascoltiamo, capiamo; ci allontaniamo dal nostro esclusivo punto di vista e ci mettiamo in una condizione di apertura e accoglienza verso le idee e le ragioni dell'altro;
- **chiarezza**. Esprimiamo le nostre idee, le nostre emozioni e le nostre aspettative nel modo più semplice e lineare possibile, senza appesantirle con parole inutili di cui potremmo pentirci. Per riuscire in questo, dobbiamo allenare la nostra "resilienza emotiva", riuscire cioè a essere consapevoli delle nostre emozioni e a viverle in modo responsabile;
- **empatia**. Mettiamoci dal punto di vista del nostro interlocutore; capiamo cosa sta provando e cosa sta vivendo, in modo da comprendere meglio il significato di ciò che esprime;
- **rispetto**. Sempre, per noi e per gli altri. Rispetto per le persone, per le idee, per le situazioni; rispetto anche per gli errori, perché siamo umani e ciò prevede di essere fallibili, tutti;
- **apertura**. Non facciamo guidare i nostri comportamenti e le nostre parole dai pregiudizi, dalle storie ascoltate, dai paradigmi, dalle credenze su di noi, sull'altra persona e sul mondo intorno a noi.

Quando riusciamo ad affrontare i temporali delle nostre relazioni seguendo questi principi, ci sono buone possibilità che, poco dopo, spunti un arcobaleno.

Il tramonto può essere sinonimo di preparazione al cambiamento.

Àncora - Alba - Attesa - Arcobaleno - Alpenstock

In questo capitolo, il tema che crea un filo conduttore tra queste cinque parole è legato alla creatività, all'azione, al raggiungimento dei risultati.
Attraverso percorsi diversi, condivideremo qualche riflessione su cosa significa usare la nostra creatività, realizzare i nostri progetti, proseguire nel nostro cammino.

Àncora

Àncora, uno degli elementi più caratterizzanti della nave e della navigazione, eppure simbolo della sicurezza, della stabilità, dell'immobilità, addirittura. Come può essere possibile?

Non è poi così paradossale, a pensarci bene. Per potersi muovere, è necessario saper stare in equilibrio, avere i piedi ben saldi sulla terra, avere radici forti e robuste, avere delle àncore.

Quali sono le nostre àncore? Possono essere sicuramente i nostri imprescindibili valori e i nostri principi, dai quali si dipartono le nostre decisioni, le nostre scelte e le nostre azioni; possono essere le competenze e le esperienze che abbiamo vissuto e accumulato durante la nostra vita, cioè il nostro personalissimo capitale che non è mai a rischio, qualsiasi problema congiunturale si affacci all'orizzonte; possono essere i nostri affetti più cari, le persone su cui sappiamo di poter contare, sempre.

L'unico elemento a cui vale la pena di porre attenzione, è non trasformare la parola "àncora" in un "ancòra", cioè nella ricerca della sicurezza attraverso la ripetitività e la routine, il non voler cambiare, il non saper innovare, il non voler salpare mai.

In quel modo, le àncore possono diventare catene.

Alba

L'alba non corrisponde a un "pronti, via!". È un divenire lento, rispettoso, quasi timido. Ma la grazia non toglie forza al suo movimento. Evolve, muta con costanza, senza creare scompiglio a chi la osserva, anzi. Nel suo mutare, regala ad ogni istante sfumature nuove che esprimono aspetti diversi di sé. Non c'è strappo e non c'è violenza in quel crescere impercettibile che genera luce e calore.

Questo, nella vita, può voler dire affidarci alla nostra creatività e alla nostra voglia di crescere e cambiare, di raggiungere le nostre mete, di dare concretezza ai sogni. Non sempre e non tutto è obbligatoriamente nato dalla folgore di un'intuizione; ci sono le prove, gli esperimenti, le idee che nascono piano e diventano grandi attraverso l'impegno e la costanza.

Diamoci il tempo di far crescere i germogli, di cullare le nostre intuizioni, di alimentare i nostri sogni. Non tutto è disponibile subito, ma sarebbe un peccato non permettergli di diventare.

Spegnere un'alba sarebbe un oltraggio alla natura; uccidere un'idea può essere un affronto che noi facciamo alla nostra stessa creatività.

Attesa

Ciò che deve ancora arrivare. Il mondo che ancora non esiste e che, quindi, in potenza, può essere ogni mondo possibile.

L'attesa è il momento della creazione del futuro, dello scenario in cui pensiamo di poterci immergere. Ciò che pensiamo di noi, del mondo intorno a noi e di quello che ci arriverà domani influenza pesantemente le nostre aspettative.

Quando cambiano le nostre aspettative, cambia il nostro atteggiamento mentale, cambiano le nostre scelte e le nostre decisioni, cambia il nostro comportamento, cambiano le persone che frequentiamo, cambiano i nostri obiettivi.

L'attesa non è perciò il momento dell'ascolto di un futuro prossimo, è il momento della creazione della nostra vita di domani.

Se ci aspettiamo il meglio, tutto il nostro corpo e tutti i nostri pensieri saranno pervasi da una determinazione e da un'energia che andranno nella direzione dell'ottimismo e del successo; la nostra attenzione selettiva si focalizzerà sulla meta e non sugli ostacoli, saremo mossi da una forza prorompente. Perché l'attesa avrà mobilitato energie, potenzialità, attitudini e competenze per muoversi in una specifica direzione.

Se ci aspettiamo problemi e difficoltà, sarà lì che focalizzeremo tutto il nostro sguardo. Il nostro atteggiamento mentale e le nostre energie saranno sintonizzati su una frequenza bassissima, quella della demotivazione, del pessimismo, dell'arrendevolezza. Come è possibile che un'attesa vissuta in un tale stato d'animo possa portarci belle sorprese? Siamo noi a dirigere l'attesa, siamo noi a predisporci all'apertura verso il successo, siamo sempre noi a disegnare i contorni dei nostri fallimenti.

Arcobaleno

Una famosa tradizione pagana di origine irlandese (così pare) narra la storia del Leprecauno, il folletto con il tradizionale cappello verde, che sarebbe il ciabattino delle fate e il custode del loro immenso tesoro. Si dice che, alla comparsa dell'arcobaleno, il folletto corra a nascondere l'oro in un punto che viene indicato dall'arcobaleno stesso. Un'altra versione della stessa leggenda afferma che dove finisce un arcobaleno ci sia una pentola piena d'oro e che uno gnomo sia lì a fare la guardia al tesoro.

Gnomi, fate e folletti forse non esistono, ma gli arcobaleni sì, e se le leggende hanno assegnato a questi straordinari prodigi della natura la facoltà di segnare la presenza di un tesoro, perché non crederci? Viviamo i nostri arcobaleni, veri o metaforici che siano, come momenti di ottimismo e di sicurezza che stiamo procedendo sulla strada giusta verso il nostro successo.

Alpenstock

Un punto d'appoggio.

Quando abbiamo obiettivi ambiziosi e strade lunghe da percorrere, la motivazione è alta; il desiderio di arrivare ci fa accelerare il passo e ci mette addosso quella irrequietezza che ci fa venire voglia di raggiungere presto la curva successiva per scoprire il nuovo paesaggio che si apre alla nostra vista.

Procedere con una tale dose di ardimento e di entusiasmo può portarci a non dosare sempre correttamente le nostre forze e la nostra resistenza. Sapere di poter contare su qualcosa – o qualcuno – pronto e capace a sostenerci nei momenti più difficili può diventare un aiuto prezioso, in grado di permetterci di raggiungere la meta.

Quali possono essere, nel nostro cammino, gli alpenstock utili?

Le **competenze**. Ciò che sappiamo e sappiamo fare è il punto di partenza, forse. Ma talvolta dobbiamo dimenticare cosa sappiamo fare per poter imparare a fare cose nuove. Alvin Toffler, famoso saggista e futurologo, lo chiama *"imparare a disimparare"* per dare spazio alla curiosità e alla creatività. Tuttavia, quando ci sentiamo un po' stanchi e scoraggiati, sapere di poterci appoggiare su ciò che sappiamo fare bene può farci superare il momento di crisi.

Le **esperienze passate**. Vale per le vittorie e vale per gli errori. In ogni caso, noi siamo andati oltre, quindi significa che abbiamo vissuto ed elaborato quelle situazioni, quindi, inevitabilmente, abbiamo ampliato le nostre conoscenze e abbiamo elevato il livello della nostra consapevolezza.

La **fiducia in noi stessi**. Perché noi siamo il compagno più fidato che abbiamo. Sappiamo che non ci abbandonerà mai e, perciò, se gliene daremo la facoltà, saprà supportarci in tutte le situazioni e ad ogni evenienza.

Le **altre persone**. Non tutte indistintamente, ma quelle di cui ci fidiamo per carattere e competenza; quelle che sono al nostro fianco anche solo con un sorriso, con una frase di incoraggiamento. Perché, qualche volta, è sufficiente sentirsi dire: "Dai, che ce la fai!".

La **fiducia nel nostro obiettivo**. Quando siamo ben sicuri di cosa vogliamo raggiungere, ma soprattutto del perché vogliamo arrivare proprio lì, allora diventiamo forti e invincibili, indipendentemente da cosa capita intorno a noi.

> *Non trasformiamo la parola "àncora" in un "ancòra", cioè nella ricerca della sicurezza attraverso la ripetitività e la routine, il non voler cambiare, il non saper innovare, il non voler salpare mai.*

> *Spegnere un'alba sarebbe un oltraggio alla natura; uccidere un'idea può essere un affronto che noi facciamo alla nostra stessa creatività.*

> *L'attesa non è il momento dell'ascolto di un futuro prossimo, è il momento della creazione della nostra vita di domani.*

Terrazza - Tavolini - Terra - Tabbouleh - Trolley

In questo capitolo, parliamo di sguardo attento e aperto, pronto a cogliere e a valorizzare tutto quanto la vita ci offre; di saper godere di ciò che abbiamo e di ciò che ci arriva, o che troviamo; di saper cercare i tesori che, talvolta, nascono in mezzo alle situazioni semplici, quelle che appaiono comuni, prive di interesse. Di sapere anche essere fonte di aiuto e di ispirazione per chi ci è accanto, in modo che il nostro modo di essere possa raggiungerlo e offrirgli panorami nuovi verso cui guardare.

Terrazza

Le terrazze: simbolo di lusso e di situazioni straordinarie. Si fanno le feste in terrazza, oppure ci si crogiola sotto il sole, ma si può anche perdere la cognizione del tempo, fermandosi a guardare.

Si guarda il cielo che si apre libero dai confini delle costruzioni circostanti che ne limitano l'ampiezza; si guarda il panorama sul quale essa si getta con una sorta di spavalderia; si guarda di sotto, dove la vita continua, distante, silenziosa, ignara di essere osservata.

La terrazza è un po' come dovrebbe essere la nostra mente quando vogliamo capire, quando vogliamo crescere e sentiamo il bisogno di andare oltre col nostro pensiero, senza il vincolo di dover fare scelte, senza costringerci a selezionare cosa accettare e cosa no, cosa ci piace e cosa non ci piace.

Se la porta della nostra mente è sempre socchiusa, si insinuano solo i pensieri e le idee già noti, come nei club esclusivi, dove entrano solo i soci che scambiano col concierge un impercettibile sguardo d'intesa.

Se vogliamo confrontarci col nuovo, con l'inusuale, con lo sconosciuto, dobbiamo permettere l'ingresso a ogni stimolo intellettuale, anche quando ci arriva da luoghi, situazioni e persone che non ci sono familiari.

La terrazza è ampia e può permettere a una folla eterogenea di avere un punto d'incontro e mescolarsi, contaminarsi, crescere e svilupparsi dando vita a ulteriori e interessanti punti di partenza da cui creare ed evolvere.

Tavolini

Osservare il mondo dal nostro tavolino, sorseggiando un tè a Parigi, tra l'eleganza e la tradizione del Café de Flore; oppure osservare un altro tipo di mondo dalla nostra scrivania, quando gli altri credono di non essere visti, di non essere pensati, di non essere ricordati.

Guardare non per invadere, non per spiare o giudicare, ma per capire; per entrare nelle dimensioni di dinamiche, di relazioni, di affanni, di paure, di sogni e di aspettative che nessuno verrà mai a raccontarci, ma che sono preziosi per noi per rapportarci agli altri e per aiutare a trovare e percorrere la strada verso la realizzazione personale e professionale.

È attraverso l'osservazione di chi e di cosa è intorno a noi che possono nascere idee e progetti; è nel lasciare la mente libera di vagare e di immaginare che arrivano nuove soluzioni.

Compilare schemi preconfezionati ci garantisce efficienza e svolgimento di compiti entro scadenze prefissate, ma le idee geniali, le grandi intuizioni, i salti di paradigma arrivano ad altri tavoli e su altri livelli delle nostre potenzialità mentali, come se fossimo al tavolino del Café de Flore.

Tavolini per fermarsi a leggere, a pensare, a ricordare il passato e a immaginare il futuro. Trasformiamo le nostre scrivanie da semplici tavoli di lavoro pieni zeppi di tecnologia da cui dipendiamo, in tavolini suggestivi e affascinanti su cui poter disegnare la nostra vita.

Terra

Dove ognuno di noi appoggia i piedi, e dove camminiamo, corriamo, dove sostiamo ad aspettare, o a decidere come proseguire.

Non abbiamo le ali e non sappiamo volare, non possiamo pensare di vivere costantemente in acqua, quindi, possiamo fare sempre e solo riferimento alla terra, quella che ci sostiene e ci nutre.

La terra è madre, dona e accoglie, sperando di essere rispettata.

E così insegna a noi come potremmo essere terra per gli altri: un punto di riferimento presente, forte, robusto, capace di integrare al suo interno le potenzialità di chi ci è accanto per far sì che sboccino e diventino piante, fiori, frutti, alberi secolari.

Come siamo e come ci sentiamo all'interno della nostra famiglia o della nostra azienda? I nostri cari, i nostri colleghi, i nostri collaboratori trovano in noi terra generosa e fertile, oppure trovano un terreno un po' arido a cui ci si accosta con poche aspettative e un po' di fastidio?

Tabbouleh

Cibo. Non solo sapori. Ci sono aromi, colori, consistenze, vapori, essenze che si espandono nell'aria e dentro chi li assapora; storia, cultura, idiomi dai suoni lontani che ne attribuiscono i nomi, persone, sguardi, gesti creativi…

Ogni volta che ci avviciniamo a qualcosa di lontano dalle nostre abitudini, stiamo espandendo la nostra conoscenza e le nostre esperienze; stiamo diventando più grandi perché stiamo ammettendo alla nostra coscienza pezzi di mondo, di saperi, di tradizioni, di culture che non ci appartengono naturalmente.

Ogni volta che incontriamo una persona nuova, che visitiamo un luogo sconosciuto, che assaggiamo un piatto diverso, ci stiamo rinnovando e stiamo evolvendo.

Non si tratta di decidere se è più bello o più buono ciò che conosciamo già, si tratta di ampliare lo spazio entro cui possiamo pensare, interpretare, valutare e decidere. È come se aggiungessimo uno spazio nella nostra mente, uno spazio in cui possiamo elaborare nuove idee che nascono da nuove esperienze.

Il tabbouleh è una pietanza araba tipica libanese, ma non fermiamoci ad assaggiare solo piatti nuovi.

Mangiamo cultura; mangiamo curiosità verso il nuovo, il distante, l'inusuale; mangiamo il confronto con chi ha esperienze diverse dalle nostre, con chi arriva da altre culture, con chi ne sa più di noi, e anche con chi ne sa meno, ma porta con sé la freschezza della gioventù e del senso del possibile, con chi performa meglio di noi, con chi fa lavori diversi dai nostri; mangiamo osservazione del mondo, delle culture e delle tendenze, per capire chi sono le persone di oggi e quale potrebbe essere il mondo di domani.

Trolley

Valigie per trasportare, per conservare, per partire verso luoghi lontani in cerca di avventure, o per iniziare una nuova vita, lontano da dove siamo nati e abbiamo vissuto fino a oggi.

Nelle valigie non ci finiscono solo indumenti ed effetti personali; le valigie sono scrigni mobili in cui mettiamo tutte le aspettative legate al viaggio che ci accingiamo a fare, o tutti i ricordi di un'esperienza che sta finendo.

Valigie cariche di vite finite, chiuse in qualche soffitta, della casa o del cuore, per non dover vedere ogni giorno testimoni di un passato che non vogliamo ricordare.

Il nostro cuore e la nostra mente sono trolley dalle dimensioni infinite; si trasportano con leggerezza o con fatica, dipende da cosa c'è dentro e da cosa abbiamo scelto di escludere.

Valigie con le ruote. Comode, ma pericolose. Ci illudono sulla facilità del lasciare, dell'abbandonare, del cambiare posizione nello spazio. Quando le valigie erano da trasportare con la forza delle braccia parlavano al viaggiatore in un codice muto e gli ricordavano costantemente la responsabilità di certe scelte. Inducevano alla meditazione e al silenzio, all'ascolto di sé e all'attenzione al ritmo del passo.

Ci sono trolley per ogni esigenza e per ogni obiettivo, di viaggio e di vita. Basta scegliere quello giusto e dedicarci con cura a decidere cosa vogliamo metterci dentro.

> *Se la porta della nostra mente è sempre socchiusa, si insinuano solo i pensieri e le idee già noti, come nei club esclusivi, dove entrano solo i soci che scambiano col concierge un impercettibile sguardo d'intesa.*

Enigma - Esplorazione - Equitazione - Eremo - Esperienze

Questo è il capitolo dell'ultima lettera di "Estate", la E che ci propone 5 diverse sfaccettature della nostra crescita personale, del nostro percorso di conoscenza di noi stessi.

Come poterci conoscere meglio? Attraverso l'osservazione di ciò che facciamo e pensiamo, di cosa amiamo fare e di come, comunemente, ci mettiamo in relazione con noi stessi, con gli altri e col mondo che abbiamo intorno.

Enigma

Gli enigmi possono essere entusiasmanti, ma anche frustranti, talvolta. Quando si vorrebbe trovare risposte, e si pretendono dagli altri, o da noi stessi.

Con le risposte si accumulano informazioni, oppure regole, metodi, processi, procedure, sentenze.

Quello che ci mette nella condizione di crescere, di evolvere, di salire a un livello superiore, non sono le risposte. Sono le domande.

È dalle domande che scaturisce il pensiero e la riflessione; è nella domanda che troviamo lo stimolo a mettere in discussione ciò che è. La domanda disorienta, fa perdere l'equilibrio, indispettisce e, talvolta, annoia, dando il senso della perdita di tempo.

Questo capita anche quando partecipiamo a un corso di formazione, o quando colloquiamo con i nostri collaboratori. Se al termine dell'incontro o del confronto, non abbiamo ottenuto – o non abbiamo fornito – risposte, la percezione può essere quella dell'inutilità dell'esperienza. E invece è proprio lì che inizia l'evoluzione, nel punto interrogativo, in quel sinuoso tratto di penna che disegna il percorso della crescita personale.

Esplorazione

Gli esploratori di ogni tempo hanno dedicato la loro esistenza alla ricerca. Hanno messo a repentaglio la loro vita e quella di chi li ha seguiti nella spedizione.

Qualche volta hanno scoperto nuove terre, tesori, reperti, civiltà; altre volte sono arrivati dove non pensavano di poter arrivare perché non conoscevano nemmeno l'esistenza di quella meta. Ma, in ogni caso, quando si esplora, da qualche parte si arriva.

Ciò che importa è che l'esplorazione non diventi un bluff in cui usiamo piste già conosciute per arrivare dove siamo già stati.

Ciò vale a livello fisico, ma soprattutto a livello mentale. Se vogliamo essere degli esploratori, dobbiamo accettare l'idea di accogliere ciò che troveremo, perché è la scoperta l'unica e vera essenza dell'esplorazione. Altrimenti diventa una *"prova del 9"*, in cui sistemiamo i numeri che già abbiamo, per controllare soltanto la correttezza formale dell'operazione.

Questo vale nella vita personale come in quella professionale. Quando e se vogliamo trovare idee nuove, se vogliamo cambiare i nostri paradigmi, se vogliamo ridisegnare lo stile o l'approccio della nostra azienda, dobbiamo diventare esploratori veri, di quelli che si insinuano nella giungla intricata e misteriosa delle convinzioni limitanti, delle abitudini, della storia passata, delle profezie proprie e degli altri e iniziano a farsi largo, a colpi di machete, per scoprire tesori nascosti.

Equitazione

Salire a cavallo e andare a passeggio, godendosi il panorama e lasciandosi trasportare dal passo tranquillo e regolare dell'animale che, in perfetta armonia con noi, ci conduce attraverso luoghi pieni di bellezza e di fascino.

È una bella immagine, vero? Nella vita, capita, ogni tanto, di permetterci situazioni di questo tipo? Forse, proprio i periodi di vacanza, si prestano a esperienze simili, in cui lasciamo che le cose succedano senza impiegare troppe energie per imprimere direzioni o ritmi particolari.

Altre volte, possiamo scegliere invece di essere noi a guidare il cavallo (la nostra mente, per intenderci), e chiedergli di esprimere tutta la sua potenza e la sua forza, galoppando a grande velocità, con una meta ben precisa da raggiungere e scadenze non negoziabili, altrimenti siamo fuori dalla competizione.

Questa modalità ci richiede di sicuro più adrenalina, più focalizzazione, più energia. Obiettivi sfidanti, lotte contro il tempo, competizioni portate all'estremo; questo è lo stile che caratterizza la maggior parte della nostra vita professionale, in cui fare bene ed essere eccellenti è importante ma non sufficiente, perché bisogna vincere; perché, con buona pace di Monsieur de Coubertin, "l'importante non è partecipare". E così, ogni tanto, i cavalli si azzoppano, e dobbiamo sopprimerli.

Oppure ci sono le gare in cui conta il tempo, ma anche la qualità, l'attenzione ai dettagli, la strategia. Ci sono ostacoli da superare con eleganza, senza accumulare penalità. Qui dobbiamo stare attenti alla postura, non solo dell'animale, ma anche di noi stessi: schiena dritta e sguardo fiero, per andare incontro all'obiettivo con consapevolezza.

Significa prendere in mano il nostro destino, fare scelte, decidere come vogliamo guidare la performance, entrare in sintonia con gli altri e con l'ambiente intorno a noi. Significa condurre, senza farsi trasportare né da altri né dalle nostre emozioni o dalla nostra adrenalina.

E poi c'è il dressage. Quando l'estetica emerge attraverso la spasmodica osservanza di regole e procedure; quando la forma supera la sostanza, o ne diventa addirittura il sinonimo.

Talvolta, la burocrazia, i processi, le procedure, le norme e le regole diventano autoreferenziali e perdono valore. Si seguono routine e standard che non hanno più significato se non quello di autoalimentarsi. Ogni tanto, potrebbe valere la pena di chiedersi non soltanto "come" facciamo le cose, ma "perché".

Eremo

Stare soli è ben diverso dall'essere soli. Riuscire a stare bene con noi stessi e gestire il nostro colloquio interno in modo positivo, creativo e accogliente può essere un bel modo per trascorrere qualche giorno del nostro periodo di vacanza.

Abbiamo tutti bisogno di silenzio, abbiamo bisogno di far girare il mondo un po' più piano e trovare tempi e spazi per recuperare serenità, equilibrio, capacità creative.

L'eremo può diventare il nostro momento di riflessione e di rigenerazione fisica e mentale.

Quando siamo leader, il nostro eremo diventa sempre più prezioso, ma anche sempre più pericoloso, perché, quando siamo sul nostro eremo, siamo lontani e non possiamo vedere, e non possiamo essere visti.

La nostra necessità di quiete non può andare in contrasto con la necessità della nostra squadra di avere una guida forte, autorevole e presente, capace di guidare e di dare sicurezza all'intera compagine.

Esperienze

Quante esperienze d'estate… molte di queste saranno ricordate con piacere, addirittura con divertimento.

E le esperienze che ci attendono al ritorno? Ci entusiasmano, ci annoiano o ci preoccupano?

L'esperienza, proprio in quanto esperienza, ha in sé il senso del pericolo, dell'esito non scontato, della sperimentazione; eppure, senza esperienze, non si può andare oltre a ciò che è già. Questo nella vita in generale e, di sicuro, nella vita professionale.

Trovare strade nuove, soluzioni alternative, idee inusuali; scardinare il conosciuto per andare incontro al nuovo; tutto ciò vuol dire fare esperienze e mettersi in gioco, come persone, come leader, come team, e come azienda.

La tradizione e la storia sono elementi preziosi che parlano dei nostri valori e di quanto è stato raggiunto fino a oggi, grazie alle esperienze nostre e di chi è venuto prima di noi. Ma se ci fermiamo, per amore della sicurezza e della stabilità, continuando ad appoggiare tutto il peso sempre sullo stesso piedestallo, alla fine, questo si sgretolerà.

Mettiamoci in gioco, buttiamoci nella mischia e facciamo esperienze nuove, avventurose ed entusiasmanti!

> *Quello che ci mette nella condizione di crescere, di evolvere, di salire a un livello superiore, non sono le risposte.*
> *Sono le domande.*

La fiaba di come Duemilaventitre guarì dalla depressione

Duemilaventitre si svegliò quel mattino con una sorta di inquietudine, in bilico tra l'ansia e la tristezza. La notte era stata agitata; aveva portato con sé frammenti di sogni confusi di cui ora non riusciva a dare una interpretazione logica.

"*È solo il 22 agosto,*" disse a se stesso, con un sussurro, "*forse potrei avere ancora tempo per far accadere qualcosa di buono, addirittura di meraviglioso. Tra un mese dovrò trasformarmi in autunno; tutto diventerà più difficile. Le persone saranno un po' più pigre e malinconiche, l'aria comincerà a raffreddarsi, il cielo sarà un po' più grigio e opaco, le prime piogge, lente e noiose, imperleranno di gocce pesanti le foglie sempre meno verdi e sempre più fragili. E io invecchierò.*"

Duemilaventitre si lasciava trasportare da questi pensieri e non si accorgeva del sole sfavillante che aveva accolto quella splendida giornata di agosto. Il pensiero che l'ottavo dei dodici mesi a sua disposizione stava finendo lo rattristava, lo faceva sentire impotente di fronte allo scorrere del tempo.

Rimase immobile, pensieroso, accomodato sulla sua poltrona estiva, fatta di mare e ricoperta con un leggero foulard di girasoli. La sua mente vagava tra quei pensieri e lo accompagnò in un sonno profondo.

C'era accanto a lui un ragazzino dagli occhi verdi, vispi; il suo fisico snello e irrequieto era avvolto in un impermeabile blu. Sbocconcellava un grappolo d'uva, dagli acini dorati, grandi e turgidi. Masticava assaporando la dolcezza di quelle perle succose, e intanto guardava con curiosità quell'anno che, pur ancora giovane, stava fermo e ingobbito, come se fosse stato già dicembre.

"Ehi, sveglia! È mattina. Non è il momento di dormire. Che razza di agosto sei?"

"*Lasciami stare, mi sento così solo e stanco. Ho il diritto di deprimermi nella mia poltrona estiva!*"

"No, non ti lascio stare affatto. Tra poco io dovrò tornare a scuola e i miei genitori rientreranno al lavoro. Non sopporto di vedere un'estate così fiacca e inconcludente. Voglio un'estate come è giusto che sia: piena di energia, di entusiasmo, di allegria. Non stai facendo il tuo dovere. Forza, alzati!"

Duemilaventitre guardava quel ragazzino insolente che gli impartiva ordini e non riusciva a capire da dove fosse saltato fuori. Lì, gli umani non potevano arrivare. Come era riuscito a varcare i confini che separano la Terra dalla dimensione in cui si governa lo spazio e il tempo? Quel pensiero lo indusse ad assumere una posizione più eretta; si protese verso quel fanciullo impertinente e lo scrutò con occhi attenti e severi.

"Tu non sai niente di cosa devo fare io! Quante estati ci sono tra le tue memorie? Scommetto dieci, undici al massimo. Vuoi insegnarmi tu cosa devo fare?"

"Ho ben dodici estati al mio attivo", rispose con orgoglio il ragazzino, "e, se non mi sbaglio, la tua è la prima e l'unica estate della tua vita. Quindi, accetta un consiglio: goditela!"

"È proprio questo il punto," sospirò l'anno, *"il mio tempo sta per finire, e non ho fatto ancora accadere nulla di meravigliosamente eccezionale. Mi piacerebbe che nel prossimo gennaio, voi umani poteste leggere tra i vostri tanti e-book, uno che portasse il mio nome nel titolo, e raccontasse di tutti i miracoli che ho fatto accadere. Ma temo che così non sarà..."*

"Ti sbagli, mio caro Duemilaventitre. Ti sbagli su tutto. Tu ti senti vittima del tempo che passa, e pensa che noi, sulla Terra, siamo convinti che il Tempo sia tu. E ti sbagli anche credendo che la responsabilità di rendere meravigliosa la vita delle persone sia tua. Invece, quella responsabilità è di ognuno di noi. Tu preoccupati soltanto di tingere dei colori più belli e di illuminare con le luci più affascinanti ogni angolo del nostro pianeta; fai sì che la natura possa seguire il suo ritmo e riesca a donare i suoi frutti. Regala a tutti

> *"Ti sbagli, mio caro Duemilaventitre. Ti sbagli su tutto. Tu ti senti vittima del tempo che passa, e pensa che noi, sulla Terra, siamo convinti che il Tempo sia tu. E ti sbagli anche credendo che la responsabilità di rendere meravigliosa la vita delle persone sia tua. Invece, quella responsabilità è di ognuno di noi."*

noi albe spettacolari e tramonti emozionanti. Fa che la neve sia candida e soffice, che la pioggia sia discreta e ristoratrice, che il sole riscaldi senza ferire, che il vento accarezzi senza distruggere. Al resto, ci dobbiamo pensare noi; farti diventare meraviglioso è una nostra responsabilità. Adesso alzati e vai a fare l'estate come si conviene a un anno straordinario!"

Duemilaventitre si riprese dal suo torpore e si sorprese a sorridere senza motivo. Aveva voglia di ridere, di giocare, di fare scherzi. Si alzò agilmente dalla sua poltrona e riempì il cielo di ogni angolo della Terra di arcobaleni scintillanti.

Vuoi fare magie?

Ti ricordi il tempo della tua infanzia? Le fiabe o i film pieni zeppi di magie di ogni tipo? Oggetti che parlavano e potevano pensare, decidere, provare sentimenti ed emozioni; bacchette di legno o di cristallo che, al solo muoverle, creavano situazioni meravigliose e inimmaginabili; parole astruse che davano origine a incantesimi; paesi magici; fate, maghi, streghe e creature fantastiche. Era tutto a nostra disposizione per proiettarci in mondi sconosciuti dove tutto era possibile.
Ti piacerebbe poter ancora immergerti in storie dove tutto è possibile? Sarebbe bello, ma non si può.
È proprio vero che non è assolutamente possibile?
Divertiamoci, in questa chiusura della rubrica "Estate 2023", a immaginare di avere poteri soprannaturali per poter fare e ottenere quello che più desideriamo.

Vivere sereni

Ansia e stress: due delle maggiori e più frequenti cause del malessere di tante persone. Lo stress nasce dal passato, da esperienze ed emozioni che abbiamo vissuto e ci hanno portato a sentirci sopraffatti, inadeguati, pressati. L'ansia arriva dalla focalizzazione sul futuro, su ciò che, a rigor di logica, non sappiamo neppure se succederà.
Vivere e concentrarsi sul presente può già essere un ottimo punto di partenza per non soccombere, per non rimanere vittime di questi due pericolosi e faticosi stati d'animo. Focalizziamoci sul "qui e ora". Sarà più facile sentirsi bene e vivere con serenità l'unico e vero aspetto della nostra vita in cui abbiamo la possibilità di fare la differenza: l'oggi.

Relazioni positive

La qualità delle nostre relazioni affonda le proprie radici nella qualità della nostra comunicazione.
Quando riusciamo a comunicare in modo coerente col nostro pensiero e attuiamo una comunicazione rispettosa ed empatica, quando ascoltiamo con apertura e senza pregiudizio, quando accogliamo il pensiero del nostro interlocutore abbiamo posto basi solide per la nascita e lo sviluppo di relazioni positive e proficue per tutti.

Non esistono tipologie di relazioni – per quanto antiche e profonde – che possano prescindere da una comunicazione corretta e basata sull'ascolto e il rispetto.

Lavorare con gioia

Quando amiamo il nostro lavoro siamo sulla buona strada verso il nostro benessere e la nostra felicità. "Fare ciò per cui ci sentiamo portati è un privilegio". Spesso si sentono affermazioni simili. Certo, il corso della vita può offrire opportunità più o meno vantaggiose a ogni persona, è inutile negarlo; tuttavia, lo stesso tipo di lavoro può essere vissuto e interpretato in modi diversi, in base al significato e al valore che gli diamo, in base a come decidiamo di svolgerlo, riuscendo a renderlo più utile e prezioso grazie alle abilità, alle attitudini, alle capacità e alle competenze personali che possiamo esprimere al suo interno.

Disegnare la nostra professione in modo da riuscire a esprimere la nostra vera essenza è un metodo per rendere la nostra attività più gradevole per noi e più utile per gli altri.

Amare ed essere amati

Non stiamo parlando dell'essere sposati, fidanzati o single. Quando parliamo di amare, almeno in questo contesto, stiamo parlando di fare le cose con amore, con passione; di dare e fare il nostro meglio anche se nessuno ci osserva, anche se non mettiamo la firma in calce.

Amare ciò che si fa, amare chi siamo, amare ogni giorno della nostra vita - anche se non va sempre tutto liscio, anche se qualche volta sbagliamo, anche se non tutto ciò che facciamo è estremamente entusiasmante - è un buon presupposto per essere amati. Infatti, quando amiamo, dentro di noi c'è pochissimo spazio per il giudizio, per il rancore, per le ripicche, per il risentimento. In questo modo è più facile che gli altri ci cerchino, apprezzino la nostra compagnia e il confronto con noi e con le nostre idee.

In questo modo si creano circoli virtuosi di stima, di simpatia, di relazioni positive con noi stessi, con gli altri, con le situazioni che viviamo.

Come vedi, non abbiamo parlato di bacchette o pozioni magiche, di poteri straordinari o di formule segrete. Si tratta di pochi e semplici suggerimenti che, però, tutti insieme, possono far migliorare di molto la qualità della nostra vita.

> *Amare ciò che si fa, amare chi siamo, amare ogni giorno della nostra vita è un buon presupposto per essere amati. Infatti, quando amiamo, dentro di noi c'è pochissimo spazio per il giudizio, per il rancore, per le ripicche, per il risentimento. In questo modo è più facile che gli altri ci cerchino, apprezzino la nostra compagnia e il confronto con noi e con le nostre idee.*

IL TEMPO DEI RACCONTI

La parola al nostro equipaggio

Il racconto di Norbert

Norbert Michael Grillitsch è uno dei soci fondatori e amministratore delegato di Modus Maris. Storico dell'arte e clavicembalista, è anche un imprenditore, un coach e un trainer che ama nutrire di arte le attività volte allo sviluppo delle persone e delle aziende.

Norbert, qual è il punto di incontro tra il tuo DNA artistico e il tuo ruolo di imprenditore, coach e trainer?
Beh, innanzitutto, la storia dell'arte, così come la musica, sono manifestazioni dello spirito umano. Per me fa poca differenza se l'essere umano si esprime attraverso una pittura o durante un colloquio di coaching. Cambiano i mezzi, ma i risultati sono pressappoco gli stessi: uno scorcio sul mondo interiore della persona, sul suo modo di vedere e concepire la realtà che si trova intorno, un faro su credenze, convinzioni, valori e concezioni di vita. Facendo il mio lavoro, si ha a che fare con persone. In questo senso l'umanesimo, nella sua accezione di "mettere al centro l'essere umano", è il comune denominatore tra questi vari aspetti.

Tra le attività che hai realizzato e che guidi, c'è "I fatti determinano la storia... o il contrario?". Come la storia, secondo il tuo punto di vista, può diventare predittiva dei fatti, e quindi essere a tutti gli effetti protagonista di se stessa?
Il concetto di "storia" così come lo intendo io per il mio intervento, è il concetto di "storia-racconto"; in questo caso, il racconto che ognuno di noi fa della propria vita. In realtà, è stata un'amica-psicologa che mi ha ispirato ad approfondire alcuni concetti e a proporre questo intervento. Lei, infatti, quando le si chiede che lavoro fa, dice di essere una editrice. Vuol dire che da psicologa ascolta le storie che le persone raccontano della loro vita, e poi le aiuta a riscriverle dove ce n'è bisogno. Detto in poche parole: tutti noi quotidianamente raccontiamo la nostra storia, aggiungendo pezzo dopo pezzo, pagina dopo pagina. Ascoltando bene noi stessi e gli altri, le nostre storie rivelano aspetti di noi di cui, talvolta, nemmeno noi siamo consapevoli: credenze, convinzioni, una vision di noi stessi e del mondo che ci circonda.
Parlando di sviluppo individuale, quello che vediamo spesso è che il racconto che una persona fa della propria vita può essere positivo, incoraggiante e "empowering".

Altrettanto spesso, però, osserviamo che è il racconto che la persona si è costruito a inibire lo sviluppo, e a non farle esplorare le sue risorse, o scoprire il suo potenziale. Le ragioni possono essere convinzioni limitanti, interpretazioni della propria vita eccessivamente vittimistiche, il fatto di paragonarsi troppo agli altri. Riappropriarsi della propria storia, riscrivere il proprio racconto, ma questa volta in chiave utile, è un'attività importante per chi vuole lavorare sul proprio autosviluppo.

Quali sono gli obiettivi del tuo laboratorio?
Capire l'importanza dello storytelling che facciamo di noi stessi per avviare o procedere nel nostro autosviluppo, e nell'accumulo del nostro capitale psicologico. Più che con delle risposte, mi piace che i partecipanti escano con delle domande, ad esempio: qual è il racconto che faccio della mia storia? Mi fa stare bene questo racconto? Se la risposta è no, cosa mi propongo di cambiare?

Secondo te, quali sono le persone che più potrebbero interessarsi a questa iniziativa di formazione?
In generale, tutti, perché penso sia interessante per ognuno di noi. Nello specifico, direi chiunque è interessato al proprio sviluppo e aperto a provare strade nuove per farsi domande, per poi arrivare a delle risposte.

Tre parole che ti vengono in mente pensando a "I fatti determinano la storia... o il contrario?"
Autosviluppo – Capitale psicologico – Accesso alle proprie risorse e capacità.

Il racconto di Maria

Maria Incatasciato, una dei soci fondatori di Modus Maris, ci racconta qualcosa di sé e, in generale, condivide con noi qualche riflessione sull'evoluzione del ruolo femminile nel mondo professionale.

Maria, donna e imprenditrice. Ruolo che sempre più entra a far parte della vita dell'universo femminile. Quali sono, secondo te, le evoluzioni più significative che hanno accompagnato la donna in questi ultimi anni?

Credo che le evoluzioni-rivoluzioni più significative siano state fatte da molte donne del passato che sono riuscite a rompere alcuni schemi di ruolo e hanno aperto le frontiere delle possibilità alle donne di oggi. Cito, solo per ricordarne alcune, le donne che si sono battute per accedere all'istruzione superiore, donne che hanno dato seguito ai loro sogni diventando aviatrici, medici, scrittrici, pittrici, ingegneri, astronaute, magistrati, etc. per arrivare alle evoluzioni del nostro quotidiano che riguardano non tanto la conquista di qualcosa che non era dato alle donne, ma la "cessione" agli uomini di mansioni normalmente presidiate da donne.

Oggi, molti più padri, ad esempio, sono coinvolti attivamente nel cambiare i pannolini ai loro bimbi, nel portare i figli dal pediatra o nel seguirli nel fare i compiti; molti più uomini cucinano per le loro famiglie e puliscono la casa, e così via. I confini, prima molto più netti, tra chi di solito si sarebbe dovuto occupare di alcune attività e chi no, si stanno assottigliando e il cambiamento culturale avviene quando non ci stupiamo più di vedere una donna al volante di un TIR e un uomo ad assistere un malato.

Quindi, per rispondere alla tua domanda, le evoluzioni oggi significative sono proprio quelle che avvengono nelle nostre piccole vite quotidiane, quando riusciamo ad abbattere schemi mentali all'interno dei quali ci sentiamo più o meno "idonee" per poter vivere qualcosa o riteniamo l'altro (il maschile) più o meno idoneo a sostituirci nei compiti di cui siamo solite occuparci. Quindi, è una evoluzione che riguarda da un lato il coraggio, dall'altra la condivisione.

La storia dell'umanità, sin dai tempi dell'antica mitologia greca, ha rappresentato molte virtù (e anche qualche vizio) attraverso affascinanti e intriganti ritratti femminili. C'è, tra le tante, una divinità femminile con la quale trovi maggiori affinità?

Naturalmente sì, fin da piccola ho avvertito fortemente il richiamo di una dea, ed è Artemide. Oggi, con la nascita di mio figlio e con il percorso professionale che ho intrapreso con la Modus Maris, hanno preso e stanno guadagnando spazio anche altre dee, che restano dee minori ma la cui presenza si è fatta più frequente.

Qual è l'approccio che usi nel workshop "Leader Metatipo" per guidare l'esplorazione degli archetipi femminili e giungere alla riflessione sull'influenza che questi esercitano nelle scelte e nella vita quotidiana?

La mitologia greca ci offre una pluralità di archetipi che parlano all'uomo e dell'uomo. Nella nostra cultura, l'arrivo del monoteismo, che invoca l'unicità di un dio, ha bloccato le opportunità di specchiarsi e di accogliere le tensioni interiori. I conflitti, oggi, tendiamo a risolverli o annullarli; le scelte diventano assolute impedendo ai nostri aspetti in minoranza di continuare ad avere voce e spazio. Spesso, un archetipo prende il sopravvento annullando tutti gli altri, finiamo così per rincorrere l'ideale della mamma perfetta, della donna in carriera, della brava moglie, dell'amante, etc. ignorando che dentro ogni donna coesistono aspetti differenti, e spesso in tensione, che hanno uguale dignità di esprimersi.

Il workshop coinvolge le partecipanti nell'esplorare le principali figure archetipiche delle dee greche-romane al fine di riconoscere in ogni donna le diverse dee che guidano emozioni, desideri, ideali, senso del dovere anche considerando il nostro ciclo vitale e la nostra età anagrafica. La finalità ultima è liberare l'espressione di una pluralità interiore che possa riequilibrare le voci in conflitto.

Attraverso questo percorso, si esplorano le componenti femminili utili a creare un modello di leadership equilibrato e completo.

"Leader Metatipo". Un workshop per sole donne?

Diciamo che è un percorso che parte dall'esplorazione degli archetipi femminili per approdare a una riflessione più ampia che, nella seconda parte, si apre a una platea mista. Parlare di maschile e femminile, in realtà, può portare fuori strada: è più corretto parlare del femminino e del mascolino, elementi presenti sia negli uomini sia nelle donne. Correggendo il nostro linguaggio diventa palese, come nel simbolo dello Ying e Yang, che dentro ogni uomo alberga il femminino e dentro ogni donna il mascolino. Quindi, l'evoluzione della pluralità interiore è assolutamente un percorso aperto a tutti.

Se ti chiedessi di sintetizzare questo tuo workshop usando solo tre aggettivi, quali sceglieresti?
Onirico, plurale, giocoso.

Il racconto di Elena

Elena Barachini, trainer e nature coach, ci invita a vivere il nostro percorso di sviluppo e di evoluzione attraverso la relazione e l'intimo colloquio con la natura. Vogliamo conoscere qualcosa in più di lei e delle esperienza che gestisce.

Elena, tu sei una nature coach; cosa significa in concreto, e cosa ti ha portato a intraprendere questo percorso che, immagino, pervade la tua vita professionale quanto quella personale?

Il mio percorso di studio e formazione si è da sempre intrecciato con quello lavorativo, in uno scambio di stimoli e nuove competenze, anche tra loro apparentemente molto distanti, permettendomi di scoprire, grazie a questo connubio, un modello di crescita personale e professionale molto arricchente.

Nata in primavera, figlia di due genitori che mi hanno portato sin da bambina in natura, ho accolto la loro passione facendola mia e scegliendo negli anni di laurearmi in Scienze Forestali presso l'università degli studi di Firenze, diventare Guida Ambientale Escursionistica AIGAE e anche Nature Coach presso The Nature Coaching Academy.

Essere *Nature Coach* significa "facilitare la connessione della persona con se stessa attraverso la connessione con l'ambiente naturale".

L'esperienza vissuta a contatto con la terra, l'acqua, il cielo, e attraverso l'uso costante della metafora, diviene il tramite per favorire una scoperta del proprio sé e della propria "natura" attraverso un costante rispecchiamento in grado di attivare continue risorse.

C'è un pubblico di maggiore riferimento per questo tipo di attività, suddiviso per età anagrafica, o per tipo di professione?

Si tratta di un tipo di attività rivolto a chiunque abbia desiderio di sperimentare il proprio legame con la natura. Non c'è un target che più di un altro si avvicina a queste esperienze.

Tu guidi una particolare esperienza che si chiama Shinrin-Yoku. Immagino che Shinrin-Yoku significhi proprio Bagno di Foresta. Qual è l'origine di questo metodo? E tu, come hai deciso di adottarlo tra le tue modalità di intervento?

Shinrin-Yoku è una parola giapponese coniata da Akiyama Tomohide che indica un insieme di concetti: "entrare in contatto con l'atmosfera della foresta" e "portare dentro di noi la foresta". La traduzione italiana è Bagno di Foresta proprio per indicare la percezione di sprofondamento sensoriale nell'atmosfera in natura.

Dal 1982, a partire dal Giappone, per poi espandersi in tanti altri territori, è iniziata una serie di ricerche per dimostrare l'importanza e i benefici del rapporto con la natura per persone che abitavano in centri molto urbanizzati a contatto con vari tipi di inquinamento, e anche per persone che presentavano diverse patologie mediche. I numerosi dati raccolti nel corso degli anni hanno dimostrato che un'immersione nel bosco porta alcuni tra i seguenti benefici: riduzione della pressione sanguigna, diminuzione dello stress, miglioramento della salute cardiovascolare, abbassamento dei livelli di zucchero nel sangue, stimolazione di concentrazione e memoria, riduzione della depressione, potenziamento del sistema immunitario, aumento della produzione di proteine antitumorali e altri ancora.

Ho deciso di adottarlo nelle mie modalità di intervento perché io in prima persona ne sperimento i benefici. Sentire su di me gli effetti appena raccontati, mi ha spinto a condividere le potenzialità di questo approccio con altre persone. Per questo sono grata della possibilità che ho di farlo.

Quali sono gli obiettivi di questa esperienza?
Più che di obiettivo parlerei della possibilità di darsi un'intenzione e di lasciar succedere, scegliendo di immergersi in un'esperienza di centralità, presenza, attenzione vigile e apertura in natura che si rifaccia alla nostra naturale intelligenza somatica.
L'esperienza viene così veicolata dal "sapere organico", quel sapere che appartiene al nostro corpo e che si sa orientare nella vita di tutti i giorni.

Il racconto di Monica

Monica Becco è trainer sulla comunicazione, sullo sviluppo della persona e della leadership e scrittrice. Al suo attivo, alcuni saggi e romanzi.

Monica, formatrice e scrittrice o viceversa?
Dipende da quello che sto facendo. Quando scrivo mi sento prima di tutto una scrittrice; mi immergo nelle parole per creare mondi, atmosfere, personaggi, storie; per raccontare pensieri ed emozioni; per fluttuare liberamente nello spazio e nel tempo, come solo la scrittura – e ovviamente la lettura – possono permettere.
Quando sono in aula, cambio il mio costume e mi dedico totalmente alla gioia di guidare le persone nel loro percorso di crescita. E di crescere con loro.
Quando mi occupo di laboratori di scrittura, sono la persona più felice del mondo, perché riesco a riunire in un un'unica attività le mie due più grandi passioni.

Cosa offre la scrittura di tanto diverso rispetto ad altre forme di comunicazione artistica?
Ci sono aspetti della scrittura che possiamo ritrovare in tutte le altre modalità di espressione artistica, come la musica, la pittura, la scultura, la fotografia, e via dicendo. Il più potente di questi è la capacità di attirare il fruitore in una dimensione esterna e parallela rispetto a quella reale. Quando leggiamo, quando ascoltiamo un brano musicale, quando ammiriamo un dipinto, ci scolleghiamo da chi siamo e da dove siamo. Entriamo in un mondo lontano, in tempi e luoghi irreali, eppure così drammaticamente veri.
Oggi si parla di metaverso come di una grande scoperta di questo secolo. La verità è che ogni forma espressiva della creatività umana, da che l'Uomo esiste, origina dei metaversi.
Ciò in cui la scrittura si differenzia da tutto il resto è l'utilizzo della parola che, per sua natura, è magica e potentissima. Ogni parola, nel momento in cui è scritta o pronunciata, crea una realtà. E lo fa in modo autonomo, senza che l'autore, l'ascoltatore o il lettore debbano rilasciare alcun permesso.

La formula magica con cui tutti noi, sin da piccoli, abbiamo giocato a fare i maghi: "abracadabra", deriva da un antichissimo termine aramaico *"avrah kadabra"* che significa "creo attraverso la parola".

Ma se non si è scrittori, qual è il valore aggiunto di migliorare la propria scrittura?
Le statistiche ci raccontano che mai si è scritto tanto come in questo periodo: e-mail, messaggi, blog, siti, post sui vari social media…
Ma cosa e come si scrive? Troppe volte siamo di fronte a frasi poco chiare, a termini imprecisi, a indicazioni incomprensibili.
Scrivere non è solo un'attività intimistica in cui lo scrittore dialoga con se stesso; è anche un modo e uno strumento per comunicare con gli altri. Quando lo facciamo con piacere, con metodo e con un po' di tecnica, i nostri interlocutori ce ne sono grati; inoltre, è più facile che gli obiettivi della nostra comunicazione siano raggiunti.

Tu guidi il laboratorio "Un dono e la sua storia". Si rivolge esclusivamente a scrittori, o vi possono partecipare anche persone che non scrivono a livello professionale?
Consiglio agli scrittori di prendere le distanze da questo laboratorio che, anche per la sua durata, non ha la pretesa di approfondire in alcun modo le tecniche della scrittura creativa. È piuttosto un'esperienza per confrontarsi direttamente con le potenzialità comunicative della scrittura. Una comunicazione capace di arrivare agli altri, ma soprattutto a noi stessi.

Quali sono gli obiettivi del tuo laboratorio?
L'obiettivo è proprio creare stupore di fronte alle potenzialità espressive di ognuno di noi. È un traguardo che vorrei far raggiungere, a fine giornata, attraverso un percorso intimo da condividere, se si è d'accordo, col resto del gruppo. È bellissimo e stupefacente accompagnare le persone nella scoperta della magia e del potere delle parole e del loro uso fatto in maniera consapevole e finalizzata.

A chi consiglieresti di cogliere l'occasione di vivere l'esperienza di Un dono e la sua storia?

Alle persone curiose e aperte che abbiano voglia di vivere un'esperienza diversa, utile sia nella vita personale sia in quella professionale. A chi vuole divertirsi a giocare col materiale più potente e straordinario che l'essere umano abbia mai avuto a disposizione: le parole.

Il racconto di Patrizia

Patrizia Bega è trainer e coach. Si occupa di coaching individuale e di team coaching. In questa breve intervista ci offre l'opportunità di comprendere meglio e più a fondo questa modalità di condurre il coaching.

Patrizia, quali sono i punti di incontro e le differenze tra un coaching individuale e un team coaching?
Innanzitutto, coaching individuale e team coaching possono convivere in un unico intervento volto allo sviluppo dei singoli e del team nel suo complesso. Tuttavia, seppur in entrambi i casi l'uso delle domande, il mirroring e lo sviluppo dei comportamenti utili al raggiungimento degli obiettivi è comune, nel team coaching è il team nel suo insieme, come ente terzo, che è di più della somma delle parti, che apprende e si sviluppa per poter performare al meglio.
Inoltre, una differenza di processo è il fatto che nel team coaching sono coinvolti due coach; questo permette di avere una doppia osservazione delle dinamiche del team e una più efficace restituzione di quanto emerge negli incontri al team stesso.

Ci sono delle caratteristiche particolari che servono in una squadra per sfruttare al meglio un percorso di team coaching?
Il primo ingrediente è la motivazione a voler contribuire, ma anche il mettersi in gioco al di là dei ruoli formali ricoperti da ciascuno. Nel team coaching diventa inoltre fondamentale la valorizzazione delle differenze di ognuno attraverso l'ascolto di posizioni divergenti e la sospensione del giudizio.
Durante le conversazioni di coaching vengono anche allenate alcune competenze base: il fare domande per comprendere gli altri e le situazioni che il team nel suo contesto sta vivendo, nonché la capacità di ricevere e dare feedback per favorire una comunicazione trasparente.

Il team coaching può essere complementare ad un percorso di coaching individuale?
Durante l'attività di team coaching, possono essere avviati in parallelo percorsi di coaching individuale per alcuni o per tutti i membri del team; questa complementarità,

nella mia esperienza, potenzia ancor più l'efficacia di un percorso di team coaching. La crescita dei singoli si riversa nella dinamica comunicativa e nella performance del team.

Tu guidi un'esperienza che si intitola "Il team coaching per la crescita del team". Quali sono gli obiettivi che intendi far raggiungere ai partecipanti?
Il team coaching è uno strumento ancora poco conosciuto in Italia; il mio intento è quello di diffonderne il più possibile la conoscenza e raccontare la mia esperienza di questi anni a supporto delle organizzazioni.
Poter osservare differenti team in azione ha fatto maturare in me la convinzione che nel contesto di lavoro ibrido, fluido e costantemente chiamato ad essere flessibile al cambiamento, il team coaching sia un efficace strumento che permette attualmente ai team di evolvere e, in alcuni casi, di sopravvivere.

Quali sono le persone che, secondo te, possono essere maggiormente interessate a un'attività di questo tipo?
A livello organizzativo, responsabili o addetti al Servizio Risorse Umane interessati a diffondere la cultura di team nelle organizzazioni e a far sì che le persone, insieme, possano performare al meglio; in generale, è rivolto a chiunque gestisca un team e voglia apprendere gli strumenti del team coaching per applicarli al proprio quotidiano.

Come definiresti questo incontro con tre aggettivi?
Attuale, leggero, interattivo.

Il racconto di Susanna

Susanna Lenardon è trainer, coach e consulente all'interno del grande universo delle Risorse Umane.

Susanna, qual è l'aspetto che più ti entusiasma della tua professione? E dopo, Susanna, tolti i panni della professionista, per cosa si entusiasma?
Le persone: quello che rende ricco e sempre nuovo il mio lavoro sono le persone. Ogni volta che seguo un gruppo in formazione, ad esempio, anche se magari il contenuto di cui parliamo è lo stesso di qualche altro corso, è come se fosse sempre nuovo; le persone che incontro in aula arricchiscono con le loro esperienze quello che voglio trasmettere, condividono emozioni, portano pezzi di vita, del loro lavoro e di sé in un confronto da cui, spesso, ho l'impressione di imparare più io che non il contrario.
Nella vita extraprofessionale, mi piace tornare a "fare la mamma": i miei figli ormai sono abbastanza grandi per non avere molto bisogno di me; mi piace comunque l'idea di potermi occupare di piccole cose che li fanno contenti, che sia cucinare un piatto particolare piuttosto che una torta per la colazione, oppure uscire con loro per una passeggiata. L'altra cosa che mi carica di energia è ritagliarmi qualche ora per fare un po' di sport... non fraintendere, non sono una sportiva, anzi, sono abbastanza una frana, ma quando riesco a praticare qualche ora di yoga alla settimana sto molto meglio.

Assessment individuale e assessment di gruppo: quali sono i punti di convergenza e quali quelli di divergenza?
Quello che sicuramente accomuna queste due forme di assessment è l'obiettivo: entrambe sono orientate a predire una performance futura. Quello che cambia è il focus. Negli assessment individuali, finalizzati a verificare la qualità professionale attuale o potenziale dei singoli rispetto a un ruolo, si parte dal presupposto che una persona valida e collaborativa opererà comunque bene, a prescindere dai colleghi con cui si troverà a collaborare; nell'assessment di team la prospettiva viene completamente cambiata: è il gruppo specifico di persone che agirà da potenziatore o depotenziatore delle qualità dei singoli. Non è un vero rovesciamento, perché la caratteristica individuale rimane

comunque in gioco, ma il suo valore si relativizza e diventa uno dei due "poli" dinamici che influenzano la performance.

Quali sono i risultati che un'azienda può attendersi da ciascuno dei due tipi di assessment?

Grazie all'assessment individuale, quello più "classico", è possibile individuare le competenze già presenti nella persona che, per qualche motivo, non sono state visibili nell'attività professionale che sta svolgendo in quel momento (ad esempio perché il ruolo attuale non ne ha richiesto un utilizzo diretto). Questa metodologia, inoltre, fornisce elementi utili a identificare le aree di miglioramento della persona, cioè le competenze non ancora sufficientemente mature in relazione al livello di responsabilità ricoperto e / o alla complessità delle sfide da affrontare.

Tutte queste informazioni sono fondamentali per un'azienda per definire piani di sviluppo e di crescita, progetti di formazione realmente tarati sulle necessità dei collaboratori, e così via.

Con l'assessment di team, in aggiunta ai dati che si raccolgono con quello individuale, è possibile analizzare come le competenze dei singoli alimentano (o non alimentano) i risultati del gruppo. In particolare, è possibile "leggere" il clima del team e comprendere su cosa si basa la capacità della squadra nell'affrontare obiettivi e ostacoli. Emergono inoltre informazioni relative alla necessità di rafforzare specifiche competenze di alcuni membri del team perché funzionali all'equilibrio del team stesso (ogni gruppo è diverso dall'altro e ogni persona "gioca" le proprie competenze in modo diverso a seconda del contesto in cui si trova) oppure di acquisire nuove competenze dall'esterno del team, con l'introduzione di nuovi membri. È possibile infine osservare la presenza di dinamiche interne virtuose o distruttive, dipendenti dalla specifica "combinazione" delle singolarità in gioco.

Il racconto di Silvia

Silvia Ramirez Pizarro, psicologa del lavoro e coach accreditata; si occupa di consulenza nell'ambito delle Risorse Umane; nello specifico, ama occuparsi del benessere delle persone in azienda. Svolge la professione di psicologa da più di trentacinque anni, prima a Bogotà in Colombia, suo paese di origine, e poi in Italia, dove risiede da trent'anni.

Silvia, perché hai scelto di diventare una career coach?
In tutti i processi HR è necessario avere come focus il benessere della persona, sia nella selezione sia nello sviluppo, così come nella formazione e nel coaching. Il benessere e la centratura di una persona rappresentano la bussola che permette di prendere decisioni e di progettare i percorsi con maggiore efficacia. Con i percorsi di career coaching ho la possibilità di seguire da vicino tutto questo e per me è molto motivante.
Career coaching è un percorso individuale per sviluppare la capacità di definire un obiettivo professionale. Quanta fatica fanno i professionisti, oggi, nell'attuale contesto sociale, economico e politico, a settare i loro obiettivi?
I percorsi di career coaching aiutano le persone a definire un progetto professionale. Si tratta di processi indirizzati a capire meglio cosa ha fatto finora una persona e cosa vorrebbe per il suo futuro professionale. Alcune persone lavorano su concreti avanzamenti in veri i propri percorsi di carriera, altre semplicemente vogliono riorientare la loro vita professionale verso nuovi orizzonti, e questa ricerca richiede riflessione e confronto. Il career coaching aiuta a orientare le vele per intraprendere o re-intraprendere il viaggio della vita professionale. In questo momento, molte persone vogliono cambiare lavoro, sono più consapevoli di quello che vogliono e sono pronte a fare questo lavoro su se stesse.

Secondo la tua esperienza, quali sono le maggiori difficoltà, o i vincoli, che i giovani di oggi devono affrontare nel momento in cui devono scegliere la strada da percorrere?
I giovani, quando finiscono i loro percorsi scolastici o universitari, si trovano davanti a un mondo del lavoro sconosciuto. È necessario definire una strategia per raggiungere risultati e, molte volte, il lavoro comincia con una fase di orientamento professionale e

un *bilancio delle competenze*; in questo modo, i giovani scoprono che, negli anni, hanno sviluppato delle competenze, partendo dalle quali devono proporsi al mercato del lavoro. Spesso, questi percorsi mettono in evidenza alcuni gap che possono essere colmati formulando concreti obiettivi di sviluppo. La parte più bella è che, analizzando i loro desideri e i sogni nel cassetto, molti scoprono veramente cosa vogliono fare da grandi e quanto sono vicini o lontani da quell'obiettivo.

Un obiettivo sbagliato, o mal formulato, può compromettere un intero percorso. Quanto pensi che le persone siano consapevoli di questo elemento cardine del successo?

Un obiettivo mal formulato sicuramente non aiuta, ma la mancanza di risultati aiuta a rivedere l'obiettivo e a ridefinirlo. Gli obiettivi, nella nostra vita, ci aiutano a tracciare la rotta e a fare verifiche sui progressi fatti. Per definire efficacemente un obiettivo, dobbiamo farci alcune domande: in quale direzione voglio orientare i miei sforzi? Quali risultati voglio ottenere? Come vorrei realizzarmi come persona e come professionista? In che area vorrei investire le mie energie e le mie risorse personali? Cosa ho e cosa mi manca?

A chi consiglieresti di cogliere l'occasione di vivere l'esperienza del career coaching?

A chi vuole cambiare la sua situazione lavorativa e professionale attuale, o non è soddisfatto dei suoi risultati e cerca nuovi stimoli. A chi deve decidere da dove cominciare o ricominciare. A chi vuole capire dove canalizzare le proprie energie. A chi vuole esplorare nuovi orizzonti professionali e cerca sfide che intensifichino il proprio percorso di sviluppo e di crescita.

Il racconto di Alessandra

Alessandra Plesi, trainer di Mindfulness, ci racconta della sua professione e del suo "Relazioni consapevoli".

Alessandra, quali sono gli ambiti in cui ti muovi a livello professionale? C'è qualcosa del tuo lavoro che fai entrare tra le mura della tua casa?
La Mindfulness è per me una passione da quando ero piccola. Iniziò con la lettura di Walden, di Thoreau, e il suo *"andai nei boschi per succhiare tutto il midollo della vita e non accorgermi in punto di morte di non aver vissuto"* e da lì, la meditazione, lo yoga, la mindfulness.

Ho lavorato per più di dieci anni in azienda dedicandomi alla meditazione nel tempo libero; poi, coltivare e diffondere la consapevolezza è diventata la mia professione, soprattutto in ambito aziendale e nelle organizzazioni.

Sono convinta che lavorare possa e debba essere un piacere, un modo per crescere ed esprimere le nostre capacità, per renderci utili agli altri. Lavorare con consapevolezza è indispensabile per gestire lo stress e non sopravvivere ma prosperare - secondo le caratteristiche di ognuno - in qualsiasi cosa facciamo.

Quanto è sentito, secondo te, nelle aziende di oggi, il tema della comunicazione interpersonale?
Il tema delle relazioni e della comunicazione interpersonale è cruciale per il nostro benessere, anche se spesso tendiamo a sottovalutarlo; anche le persone più introverse soffrono quando le relazioni si fanno difficili o troppo rarefatte.

In ambito lavorativo, la convinzione di "poter fare da soli" è solo un'illusione che ci porta a comportarci in modi non utili, né alla performance né al nostro benessere.

L'esplosione delle tecnologie, e ora il lavoro da casa, hanno inoltre creato situazioni nuove, che bisogna gestire con consapevolezza e cura per non creare ancor più difficoltà e sofferenza. Nessuno di noi, e in particolare le nuove generazioni, è ancora disposto a lavorare se l'ambiente di lavoro crea malessere, e in questo le relazioni sono il fattore che più fa la differenza.

Come, in base alla tua esperienza, una relazione consapevole con noi stessi può aiutare a instaurare e mantenere relazioni efficaci con gli altri?
Una relazione con gli altri è possibile solo quando la nostra mente è sufficientemente calma e lucida, solo allora è possibile ascoltare, accogliere punti di vista diversi dai nostri, esprimersi efficacemente, relazionarsi veramente con gli altri e cercare punti di incontro. Se le nostre visioni sono offuscate da stress, paure, chiusure, pregiudizi (e non ne siamo consapevoli) e le nostre reazioni sono reattive e automatiche, le relazioni saranno altrettanto caotiche e non costruttive.

Quali sono gli obiettivi e i contenuti del tuo workshop "Relazioni consapevoli"?
Gli obiettivi del workshop sono i quattro fondamenti per costruire relazioni consapevoli, costruttive e piacevoli, anche con le persone per noi più difficili.

A chi consiglieresti l'esperienza di "Relazioni consapevoli"?
Semplicemente, a chiunque, perché nessuno lavora da solo. In ogni caso, se vogliamo essere più specifici:
- a chi lavora a contatto con persone difficili;
- a chi gestisce gruppi di lavoro;
- a chi si sente non riconosciuto e compreso;
- a chi è convinto di fare tutto da solo;
- a chi si accorge di avere difficoltà nel comprendere gli altri;
- a chiunque voglia realizzare qualcosa di significativo.

Il racconto di Andrea

Andrea Saracini, trainer e coach. Ingegnere per formazione e per molti anni manager in una multinazionale.

Andrea, quale percorso ti ha condotto alla professione di trainer e coach in Modus Maris?
È stato un percorso piuttosto lungo! Sono stato fortunato perché la mia azienda investiva molto seriamente nella formazione dei suoi manager e aveva grandi competenze interne di *leadership development*. Nel tempo, ho capito che la parte che mi gratificava di più del mio lavoro era proprio la gestione delle persone, del teamwork, della motivazione. Ero anche molto coinvolto nei temi di *Diversity e Inclusion*. Così ho cominciato ad approfondire i miei studi e ho completato un Master in Counseling e poi ho effettuato l'accreditamento come Coach ICF decidendo di dedicarmi a tempo pieno allo sviluppo e alla formazione.

Nonostante tutti ritengano la comunicazione fondamentale, rimane sempre un elemento critico. Da esperto del settore, qual è il tuo punto di vista?
Credo che sia un elemento così critico proprio perché è così fondamentale. L'essere umano è un animale sociale ed esiste nel mondo sempre attraverso la relazione con altri esseri umani. Comunicare male significa costruire relazioni non autentiche, non efficaci, non soddisfacenti; una comunicazione efficace e appropriata ci consente invece di costruire intorno a noi un ambiente migliore, sia personale sia professionale.
In base al senso comune, spesso si pensa che i fatti siano più importanti della parola. È anche un modo di dire, no? «Fatti, e non parole». Eppure, sono le parole che costruiscono il nostro mondo, le parole che usiamo definiscono il significato che diamo alla realtà e ci mettono in relazione con gli altri. Questa d'altronde è l'esperienza quotidiana di un coach: cambiando la nostra conversazione cambiamo la realtà intorno a noi.

"Comunicare in modo empatico". Questo workshop esplora alcuni principi di base della Comunicazione Nonviolenta. In cosa si concretizza e qual è la sua storia?

La **Comunicazione Nonviolenta** nasce dalla visione e dalla forza morale di Marshall Rosenberg, uno psicologo e terapeuta contemporaneo statunitense, che ha lavorato molto anche come mediatore e attivista viaggiando in tutti i paesi del mondo.

Come racconta lui stesso, la sua vocazione nacque dall'esperienza degli scontri razziali negli Stati Uniti e da una domanda fondamentale: «Cosa fa sì che una persona arrivi a voler ferire qualcuno?». Lavorando e riflettendo sulle origini della violenza, Rosenberg ha elaborato la Comunicazione Nonviolenta come uno strumento, una pratica che ci aiuta a tradurre l'aspirazione a costruire comunità più pacifiche, più serene, più coese, in comportamenti concreti nella relazione con gli altri. Sempre per usare le parole di Rosenberg, la Comunicazione Nonviolenta è *"un'integrazione di pensiero e linguaggio che ci permette di creare una connessione autentica con gli altri e di accrescere il benessere nostro ed altrui"*. Può sembrare un pensiero astratto ma, alla fine, si concretizza in comportamenti molto semplici: fare affermazioni chiare e fattuali, esprimere i propri bisogni in modo non controverso, riconoscere la legittimità dei bisogni altrui.

Perché "Comunicare in modo empatico" ci aiuta a comunicare anche in modo più efficace?

Perché l'empatia è la capacità di vedere l'altro senza giudicarlo. La nostra comunicazione è efficace quando ci permette di dare messaggi e formulare richieste che sono chiaramente comprese dal nostro interlocutore: esprimere giudizi o non riconoscere il punto di vista altrui sono mezzi sicuri per mettere il nostro interlocutore sulla difensiva e non essere ascoltati.

Quali sono gli obiettivi del tuo workshop?

L'obiettivo del workshop è fornire alcuni principi di base della Comunicazione Nonviolenta, in particolare, attivare la consapevolezza dei partecipanti su cosa rende difficile l'espressione dei nostri bisogni individuali e il riconoscimento dei bisogni altrui. La capacità di osservare e riconoscere i bisogni è centrale nella pratica della CNV ed è strettamente collegata al concetto di empatia.

A chi consiglieresti l'esperienza "Comunicare in modo empatico"?

Naturalmente lo consiglierei a tutti! Credo che ciascuno di noi abbia sempre almeno una relazione interpersonale che potrebbe migliorare. Certo, in particolare, è importante, secondo me, per chi ha la responsabilità di guidare un team e quindi anche la responsabilità di facilitare l'interazione serena e produttiva di persone diverse.

COME È STATO QUESTO TEMPO?

Abbiamo trascorso insieme un po' di tempo. L'abbiamo fatto riflettendo su di noi, sul nostro mondo, sulle altre persone con cui viviamo il nostro tempo, sull'universo del lavoro e della leadership in particolare. Abbiamo giocato con le parole dell'estate, ma cercando al loro interno significati e pensieri utili per la nostra vita; abbiamo conosciuto alcuni trainer del nostro equipaggio.

La nostra speranza è che il tempo che hai dedicato a questo libro, si sia rivelato come tempo di valore.

Tu, come hai vissuto quest'esperienza?

Qui hai un po' di spazio per annotare qualche tua considerazione su un tema, o anche solo su una parola che hai sentito particolarmente vicina, che ti ha fatto fermare nella lettura per concederti il tempo di pensare; che ti è piaciuta, o che non ti è piaciuta per niente.

Grazie per la compagnia che ci hai fatto e per aver avuto voglia di condividere con noi queste pagine.

Se vuoi condividere con noi un pensiero o una riflessione su quanto hai letto, scrivici a: *info@modusmaris.eu*

Fai Buona Navigazione!

Modus Maris

_____

_____

_____

_____

_____

_____

_____

_____

Printed in Great Britain
by Amazon